아이에게 알려주는 궁궐 안내판과 조선 역사

우리 궁궐 이야기

구완회 지음

상상출판

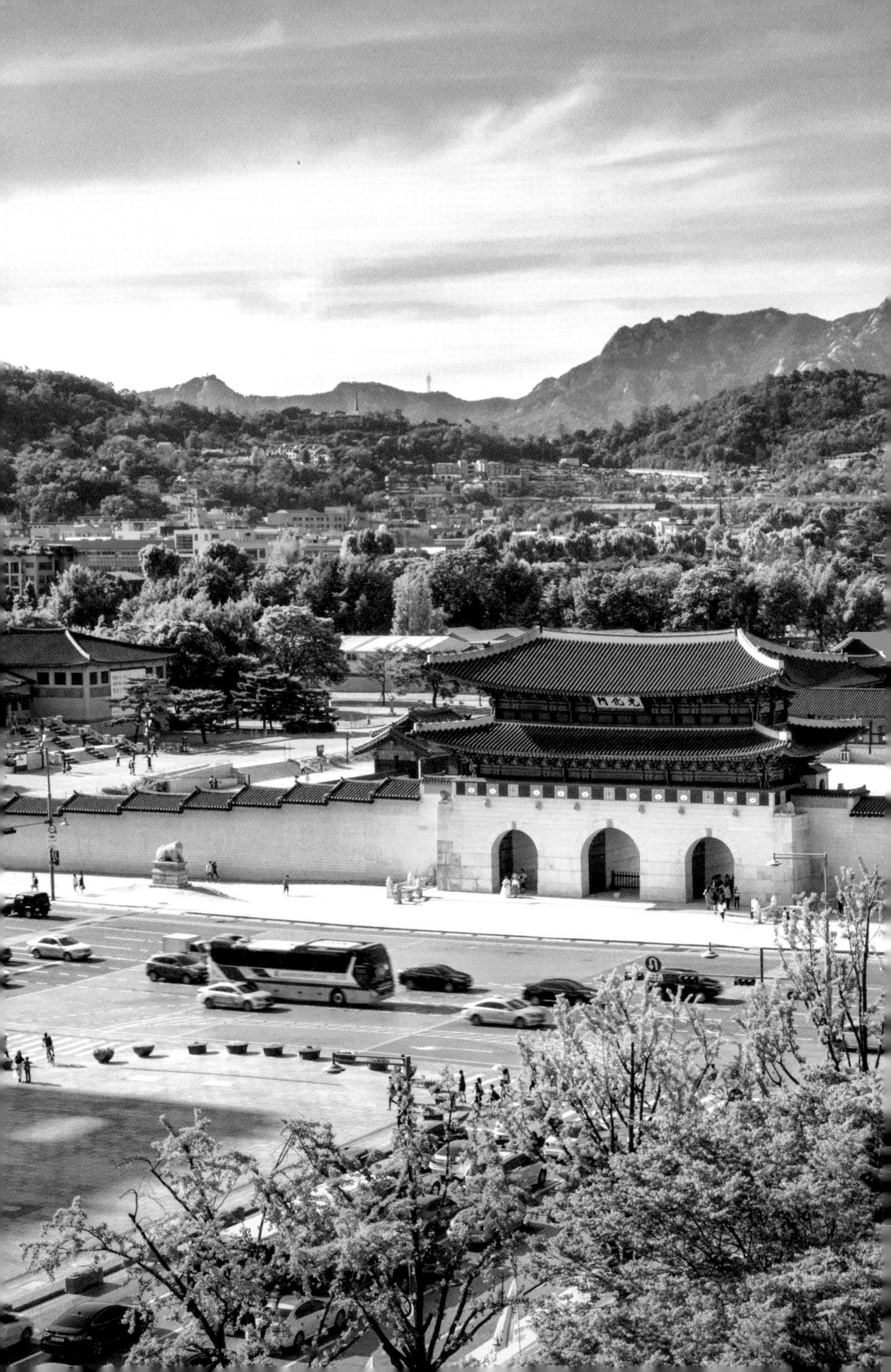
光化門

©shutterstock / FenlioQ

작가의 말

안내판을 알면, 우리 궁궐이 보인다!

열두어 살쯤이나 됐을까? 화창한 봄날, 경복궁 안내판 앞에서 아이는 무언가 열심히 적고 있었다. 뒤에는 엄마가 흐뭇한 표정으로 지켜보았고. '음, 바람직한 풍경이 아닐 수 없군' 하는 생각을 하고 있는데 갑자기 아이가 엄마에게 물었다.

"근데 엄마, '주산'이 뭐야? '안산'은 또 뭐고?"

살짝 당황하는 엄마의 표정.

"음… 그건 말이야… 그러니까…. 아, 우리 얼른 경복궁 봐야지! 입구 안내판에서 이렇게 시간을 보내는 건 아깝잖아?"

하마터면 내가 끼어들 뻔했다. 문제(?)의 안내판 문구는 이랬다.

"(경복궁은) 북악산을 주산으로, 목멱산(지금의 남산)을 안산으로 삼아 풍수지리적 터 잡기에서도 한양의 중심을 차지했다."

아마도 나라면 이렇게 설명했을 것이다.

"풍수지리란 살기 좋은 곳을 찾는 우리 고유의 학문이야. 풍수지리에서는 살기 좋은 곳, 다시 말해 '명당'이란 뒤에는 주산이, 앞에는 안산이

있어야 한다고 주장해. 주산은 뒤에서 받쳐주는 산, 안산은 앞에서 막아 주는 산을 말하지."

물론 그랬다가는 '오지라퍼' 소리를 들었을 터. 마음속으로 그 아이가 나중에라도 궁금증을 해결하길 바랄 뿐이었다.

수행평가 때문이건, 봄나들이를 위해서건 궁궐을 찾는 아이들이 맨 먼저 만나게 되는 것은 옛 건물 앞에 서 있는 안내판이다. 예전에 비해 많이 나아졌다고는 하지만, 아직도 문화재 안내판은 아이뿐 아니라 보통의 어른에게도 어렵고 딱딱하다. 그래서 이 책을 썼다. 이것은 아이와 함께 궁궐에 가는 부모를 위한 책이다. 궁궐 전각마다 꼬리표처럼 붙어 있는 어렵고 딱딱한 안내판의 내용을 재미난 이야기로 풀어냈다. 이

것은 또한 내가 아이들과 함께 궁궐을 다니면서 해주었던 이야기이기도 하다. 안내판을 같이 보면서 이런 이야기를 해주면 심드렁하던 아이들의 표정에 호기심이 가득 피어오르곤 했다.

나는 역사를 좋아한다. 나에게 역사란, 오늘의 문제를 해결하기 위해 어제의 일에서 배우는 교훈 같은 고리타분한 것이 아니다. 내가 좋아하는 역사란 무엇보다 재미난 이야기다. 그 어떤 드라마나 게임보다 재미있는, 둘이 듣다 하나가 죽어도 모를 만큼 재미난 이야기다. 게다가 감동과 교훈은 덤으로 따라온다. 그러니 내가 어찌 역사를 좋아하지 않을 수 있을까.

내가 좋아하는 역사를 다른 사람도 좋아했으면 좋겠다. 특히 아이들이 이렇게 재미난 역사를 '암기 과목', '숙제', '어려운 과목'으로 생각하는 것을 보면 마음이 아프다. 모쪼록 이 책을 통해 더 많은 아이와 부모가 역사를 즐길 수 있었으면 좋겠다. 수백 년 세월을 지나온 궁궐들이 품고 있는 재미있고 풍부한 이야기를 함께 즐겼으면 좋겠다.

아름다운 궁궐의 봄꽃을 생각하며

구완회

프롤로그

조선의 궁궐은 왜 다섯 개나 되는 걸까?

지금 서울에 남아있는 조선시대 궁궐은 모두 다섯 개다. 경복궁, 창덕궁, 창경궁, 덕수궁, 경희궁이 그것들이다. 크지 않은 나라에, 그것도 수도에만 궁궐 다섯 개는 좀 과한 게 아닐까? 맞다. 처음부터 조선의 궁궐이 다섯 개나 됐던 건 아니다. 전쟁과 반란, 화재 등을 겪으면서 새로운 궁궐을 짓기도 하고, 예전 궁궐을 고쳐 짓기도 하면서 숫자가 늘어났다. 그렇다고 다섯 개의 궁궐을 한꺼번에 운영했던 것도 아니다. 조선의 흥망성쇠를 따라 다섯 개의 궁궐이 남게 된 사연은 다음과 같다.

경복궁, 창덕궁, 창경궁의 탄생

조선이 한양으로 도읍을 옮기고 가장 먼저 지은 궁궐은 경복궁이었다. 그리고 10년 뒤, 3대 임금 태종은 또 하나의 궁궐인 창덕궁을 세웠다. 화재 등으로 경복궁이 훼손됐을 때 임금이 머물 '스페어 궁궐'이 필요했기 때문이다. 나무로 지은 옛 건물은 특히 화재에 취약했다. 경복궁에 이어 창덕궁을 세움으로써 조선시대 궁궐의 특징인 '양궐 체제'가 성립됐다.

창덕궁 바로 옆에 창경궁을 지은 건 늘어나는 왕실 가족들의 생활 공간을 확보하기 위해서였다. 성종 때 대비마마가 3명으로 늘어난 것이 결정적 계기였다. 예종이 스무 살의 나이로 요절하자 조카였던 성종이 왕위에 오르면서 친어머니(소혜왕후)와 예종의 왕비(안순왕후), 예종의 어머니(정희왕후)까지 모두 3명의 대비가 생긴 것이다. 안 그래도 창덕궁에 생활 공간이 부족했던 터인지라, 대비들을 제대로 모시고 왕비와 후궁, 공주들도 편히 살 수 있도록 아예 별도의 궁궐을 지었다. 이렇게 생겨난 창경궁은 독자적인 궁궐이라기보다 '창덕궁의 확장판'에 가까웠다. 담장 하나를 사이에 두고 붙어 있는 두 궁궐은 하나처럼 이용됐으며, 이 둘을 합해 '동궐'이라 불렀다.

광해군의 불안이 만들어낸 경희궁

'경복궁(북궐) + 동궐'로 유지되던 조선의 양궐 체제는 전쟁을 계기로 급변했다. 임진왜란 때 궁궐들이 몽땅 불타버린 것이다. 전란으로 피폐해진 상황에서 궁궐을 다시 짓는 일은 쉽지 않았다. 논의 끝에 경복궁보다 규모가 작은 창덕궁을 중건하기로 했지만, 선조 때 시작한 공사는 아들인 광해군이 즉위한 뒤에야 마무리됐다. 이후 인왕산 아래에 스페어 궁궐로 인경궁도 지었다.

새로운 양궐 체제가 성립됐으니 여기서 멈췄어야 하건만, 광해군은 궁궐을 또 하나 세웠다. 역모를 막기 위해서는 궁궐이 하나 더 필요하다는 점쟁이들의 말을 따른 것이다. 선조의 서자였던 광해군은 취약한 정통성 탓에 늘 불안했다. 그 때문에 무리하게 지속된 궁궐 공사는 나라 살림을 결딴냈고, 민심 이반의 원인이 됐다. 결국 광해군은 새로 지은 궁궐에 들어가보지도 못하고 쫓겨나고 말았다. 이 궁궐이 바로 경희궁이다. 광해군을 쫓아내고 왕이 된 인조는 인경궁을 없애고 경희궁을 남겼다.

대한제국의 황궁, 덕수궁

'동궐 + 경희궁(서궐)'으로 운영되던 새로운 양궐 체제는 고종이 왕위에 오르면서 변화를 맞이했다. 어린 고종을 대신해 집권한 홍선대원군이 왕실의 권위를 세우기 위해 임진왜란 이후 수백 년간이나 버려졌던 경복궁을 중건한 것이다. 전쟁 이전보다 훨씬 더 크고 장엄한 모습으로 말이다. 훗날 이곳에서 머물던 고종은 자기 부인이 일본인들의 손에 죽임을 당하는 비극을 겪었고(을미사변), 러시아공사관으로 탈출해 1년 동안 머문 뒤에(아관파천), 경복궁이 아닌 경운궁(지금의 덕수궁)으로 돌아왔다. 각국 공사관에 둘러싸인 경운궁이 안전하다고 판단했기 때문이다.

원래 경운궁은 선조가 임진왜란 때 머물던 임시 궁궐이었다. 고종이 돌아올 당시에는 건물도 몇 채 없어서 궁궐이라 부르기도 민망했는데, 대한제국을 선포한 고종이 황궁에 걸맞는 수준으로 중건하면서 궁궐로서의 위엄을 갖추게 됐다. 하지만 고종이 순종에게 왕위를 물려주면서 경운궁은 덕수궁으로 이름이 바뀌었고, 고종 사후에는 여러 건물이 헐리는 등 옛 모습을 잃고 말았다. 그래도 경복궁, 창덕궁, 창경궁, 경희궁과 함께 '조선의 5대 궁궐'로 명맥을 유지하고 있다.

차례

1장

경복궁

파란만장 조선 왕조, 제일의 법궁

2장

창덕궁

구중궁궐, 비밀의 아름다움

1장

경복궁

파란만장 조선 왕조, 제일의 법궁

- 관람 시간 09:00~18:00(3~5월, 9~10월), 09:00~18:30(6~8월), 09:00~17:00(11~2월), 매주 화요일 휴궁
- 해설 시간 10:00, 10:30, 11:00, 13:00, 14:00, 14:30, 15:00, 16:00(11~2월은 15:30)
- 관람료 어른(만 25~64세) 3,000원, 어린이·청소년·노인 무료

아이와 함께 가는 첫 궁궐 답사로는 경복궁 나들이가 딱이다. 위엄 있는 근정전을 둘러싼 십이지신상의 기기묘묘한 모습, 자경전 십장생 꽃담의 아름다움, 향원정의 아늑함과 경회루의 호쾌함을 두루 즐길 수 있기 때문이다. 파란만장한 조선의 역사를 고스란히 간직한 곳, 경복궁으로 떠나보자.

경복궁,
알고 가면 좋은
이야기 셋

법궁(法宮)은 뭐고, 이궁(離宮)은 뭐야?

지하철 경복궁역에서 경복궁 가는 지하 통로 끝에는 '어서 오십시오. 조선의 법궁 경복궁입니다'라고 쓴 커다란 광고판이 방문객을 맞는다. 음, 법궁이라. '법으로 정한 궁궐'이란 소린가? 갸웃거리고 있을 때 아이들은 질문할지 모른다.

"아빠, 법궁이 뭐야?" 오호, 이럴 때는 기다렸다는 듯이 대답하자. "응, 법궁은 임금이 사시는 궁궐이란 뜻이야." 그리고 혹 모르니 '스페어 스토리' 조금 더. 조선시대 궁궐은 법궁과 이궁으로 나뉘었다. 평소 왕이 사는 곳이 법궁, 비상시나 왕이 원할 때 옮길 수 있는 예비 궁궐이 이궁이다. 이밖에 왕이 임시로 잠시 머무는 행궁, 왕이 사신을 맞거나 궁궐 밖에서 태어난 왕이 즉위 이전에 살던 곳을 별궁이라 했다(고종이 살던 운현궁이 대표적이다). 이렇게까지 준비했는데도 아이들의 질문이 없으면? 그때는 아이들에게 광고판의 문구를 소리 내어 읽게 한 뒤, '법궁이 뭘까?' 하고 물어보면 된다.

음양오행과 경복궁

태조 이성계는 새로운 도읍 한양과 궁궐을 철저히 '음양오행(陰陽五行)'의 사상에 입각해 설계했다. 따라서 경복궁을 이해하는 데는 음양오행을 아는 것이 필수. 그럼 아이들에게는 어찌 설명할까?

"우리 조상은 세상을 음과 양의 조화로 이해했는데, 태양과 달, 남자와 여자, 불과 물 같은 것이 양과 음의 기운을 대표하는 것이야. 이러한 음과 양의 조화가 오행, 즉 다섯 가지 기본 요소가 돼서 세상 만물을 이루지. 음양이 달과 해로 나타나듯이 오행은 나무·쇠·불·물·흙 혹은 인의예지신(仁義禮智信), 동·서·남·북·중앙으로 표현되곤 해."

초등학교 사회 교과서에는 '인의예지신'을 따서 한양의 사대문 이름을 지었다는 내용이 나온다. 흥인지문(동대문), 돈의문(서대문), 숭례문(남대문), 숙정문(북대문)이 그것이다. 여기에 종로의 보신각(중앙)을 더하면 인의예지신이 완성되는 셈이다. 근데 왜 숙'지'문이 아니라 숙'정'문일까? 사실 그 이유는 명확지 않다. 숙정문의 이름이 원래 소지문(昭智門)이었다는 이야기도 있고, '꾀할 정(靖)'과 '슬기 지(智)'는 서로 통하기에 살짝 변화를 주었다는 주장도 있지만 모두 근거가 부족하다.

경복궁은 자금성의 화장실?

혹시 이런 말을 들어봤는지 모르겠다. “중국 관광객들이 우리 경복궁을 돌아본 후 입장료 환불을 요구했다. 베이징 자금성의 화장실만 한(?) 크기의 궁궐 구경에 무슨 돈을 받느냐는 것이 그 이유였다.” 물론 말도 안 되는 이야기지만, 자금성의 어마어마한 규모를 본 적이 있는 사람이라면 일면 수긍이 가는 부분도 있을는지 모른다. 하지만 이건 두 가지 이유에서 어불성설이다.

먼저 경복궁은 일제가 조직적으로 파괴하기 전에는 500여 동의 건물이 빼곡히 들어찬 대규모의 궁궐이었다. 겨우 4분의 1 정도만 복원된 지금의 규모와는 비교할 수조차 없다. 또 하나 더 중요한 이유는, 허허벌판에 무식하게(?) 크게만 들어선 자금성과 달리 우리 경복궁은 주변의 자연과 조화를 중요하게 생각해 건물 규모를 정했다는 사실이다. 경복궁은 ‘검소하면서도 부족하지 않고, 화려하면서도 사치하지 않은’ 궁궐인데, 조선 최초의 법전인 《조선경국전》에 나오는 다음의 내용을 보면 경복궁을 지은 우리 조상의 마음을 헤아릴 수 있다.

“궁원이 사치하면 백성을 수고롭게 하고 재정을 손상시키는 지경에 이르게 되고, 누추하면 조정의 위엄을 보여줄 수 없게 된다. 검소하면서도 누추한 지경에 이르지 않고, 화려하면서도 사치한 지경에 이르지 않도록 하는 것이 아름답다.”

실제로 조선의 왕들은 검소한 것을 덕목으로 삼고 백성들의 생활을 먼저 살폈다. 궁궐뿐 아니라 입고 먹는 것도 사치하지 않도록 늘 주의했다. 그러면서 중국 황제가 사치를 일삼아 백성들이 고단해지는 걸 타

산지석으로 삼았다. 그러니 아이들이 혹 어디선가 자금성의 규모에 대해 듣고 와서 묻는다면 이렇게 대답해주자.

"물론 자금성 건물이 훨씬 더 크지. 하지만 자금성에 천하를 호령하는 황제의 위엄이 있다면, 경복궁에는 백성뿐 아니라 자연과도 함께하려는 조선 왕의 따뜻한 마음이 있는 거야."

궁(宮)과 궐(闕)

궁은 왕과 왕족이 살면서 업무를 보는 공간, 궐은 궁을 지키는 담장이나 망루 등의 방어용 시설을 뜻한다. 경복궁 남쪽의 동십자각은 지금 경복궁과 떨어져 있지만 원래는 궁과 붙어서 궁을 지키는 '궐' 시설 중 하나였다. 하지만 이렇게 글자를 나누어 구분하기보다는 궁궐을 합쳐 '임금이 사는 곳'이라고 보는 것이 좋다.

경복궁 옛 모습

1900년대 초에 제작된 〈북궐도형〉의 경복궁 모습. 지금과는 비교할 수 없을 정도로 수많은 전각이 가득 들어차 있다.

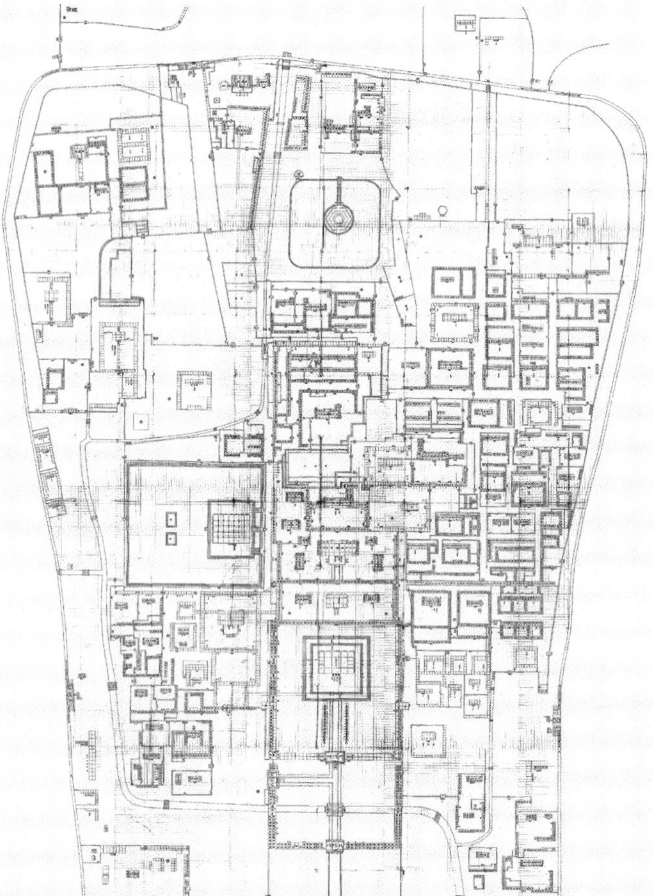

소장 : 서울대학교 규장각 한국학연구원

경복궁 현재 모습

1991년부터 복원이 진행 중이지만, 고종 재위 당시 500여 동에 달했던 건물 중 146동만 제 모습을 찾았다.

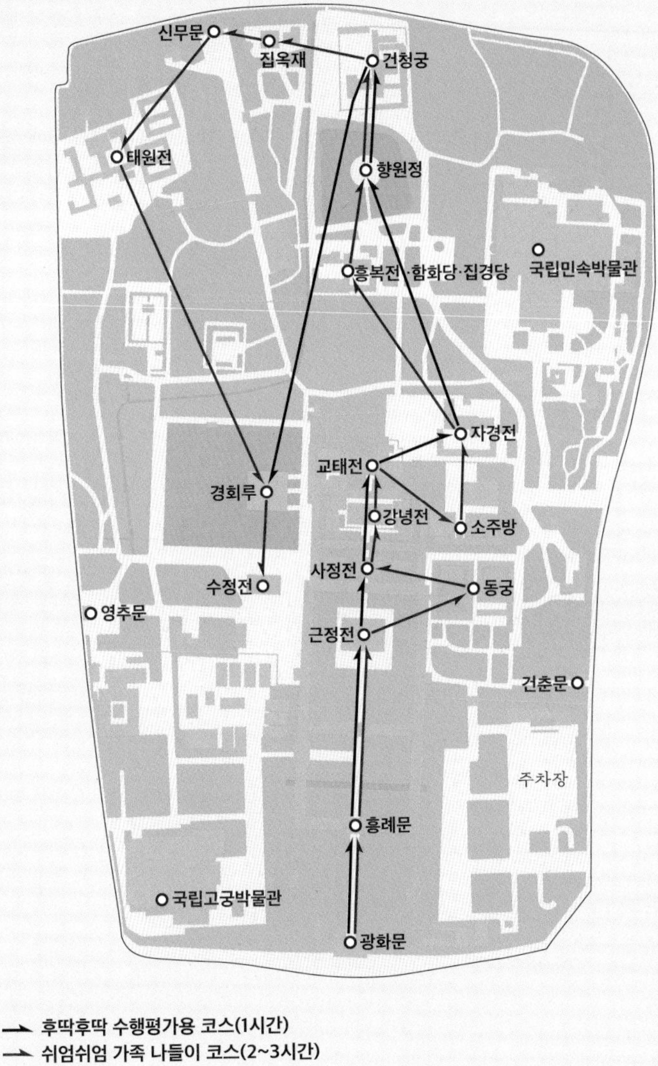

조선의 얼굴, 경복궁 걷기

자, 미리 보면 좋은 이야기도 읽었고, 지도를 보며 동선도 얼추 짜보았다면, 이제 본격적으로 아이 손을 잡고 경복궁을 걸어볼 시간이다. 사람이 몰리는 휴일은 되도록 피하는 것이 좋지만, 아이가 학교에 가야 해서 현실적으로 어렵다면 되도록 일찍 가는 것이 좋다. 아이에게 좀 더 자세하고 전문적인 설명을 들려주고 싶다면 문화해설사 안내 시간에 맞춰 가는 것도 방법이다.

'경복궁 가족 유람단'의 눈길을 가장 먼저 끄는 것은 2010년 8월 15일 복원 공사를 마친 광화문이다. 여전히 단청도 돌도 너무나 반짝반짝해 '600년 고궁'의 모습과는 조금 거리가 있어 보이는 것이 아쉽지만, 그래도 위풍당당 서 있는 모습에 가슴 한쪽이 뿌듯하다.

북악산과 경복궁

아이들이야 광화문 앞에서 울긋불긋한 옷을 입고 서 있는 수문장의 모습을 더 좋아할지도 모르지만, 광화문 뒤쪽에 있는 첫 안내판부터 살펴보도록 하자.

안내판 **광화문과 궁궐 담장**

궁궐의 바깥 경계에 높은 담장을 쌓았고, 담장의 동서남북 네 곳에 대문을 만들었다. 건춘문(建春門-동), 광화문(光化門-남), 영추문(迎秋門-서), 신무문(神武門-북)은 각각 봄-여름-가을-겨울과 나무-불-쇠-물 등을 상징하는 명칭으로 ❶ **전통적인 오행설**에서 유래했다. ❷ **1968년 재건된 광화문**은 콘크리트 구조로 만들었고, 위치도 원위치에서 뒤로 물러서 있었는데, 2010년 원래의 위치에 제 모습으로 복원됐다. 담장의 동남쪽과 서남쪽 모퉁이에 동십자각과 서십자각을 세워 망루로 사용했는데, ❸ **서십자각은 일제강점기에 철거**됐고, 동십자각은 도로 확장으로 인해 담장을 안쪽으로 옮겨 쌓으면서 길 한가운데 나앉게 됐다.

안내판 들여다보기

❶ 전통적인 오행설 오행은 방향(동·서·남·북·중앙)과 계절(봄·여름·가을·겨울·환절기), 물질(나무·쇠·불·물·흙), 색깔(청·백·적·흑·황), 동물(청룡·백호·주작·현무·황룡) 등으로 나타낼 수 있어. 이걸 간단히 표로 만들면 다음과 같지.

방향	계절	물질	색깔	동물
동	봄	나무	청	청룡
서	여름	쇠	백	백호
남	가을	불	적	주작
북	겨울	물	흑	현무
중앙	환절기	흙	황	황룡

❷ 1968년 재건된 광화문 한국전쟁 때 폭탄에 맞아 부서진 걸 18년 만에 복원한 거야.

❸ 서십자각은 일제 강점기에 철거 일제가 전찻길을 내면서 서십자각을 없애버렸대.

한 세기 만에 비로소 제 모습을 찾은 광화문의 영욕에 대해서는 이렇게 말해주면 어떨까?

"지금부터 약 100년 전, 우리나라를 강제로 빼앗은 일제는 지금 우리가 서 있는 자리에 조선총독부를 세웠어. 그러면서 광화문을 없애려고 했지만 비난 여론이 들끓어서 결국 경복궁 동쪽으로 옮겼지. 그런데 한국전쟁 때 폭격을 맞아 부서진 광화문을 다시 제자

흥례문

리로 옮기는 과정에서 목재 대신 콘크리트로 대충, 게다가 원래보다 뒤쪽에, 방향도 궁궐과는 비뚜름히 지었단다. 이렇게 50년 넘게 지내오다 겨우 10년 전에야 옛날의 당당한 모습과 자리를 되찾은 거야."

광화문의 방향이 비뚤어진 건 광복 이후 중앙청(지금의 정부종합청사)으로 쓰이던 조선총독부 건물 때문이었다. 일제가 조선총독부 건물을 당시 남산에 있던 조선신궁(일본 신을 모셔놓은 신전)을 바라보게 지으면서 궁궐과 방향이 달라진 것이다. 조선총독부 건물이 철거된 뒤에도 광화문은 한동안 제 방향을 찾지 못했다.

여기까지 설명한 뒤 큰 칼 찬 아저씨랑 기념사진이라도 한 장 찍고 흥례문을 넘으면 경복궁을 설명하는 안내판이 나타난다.

안내판 **경복궁**

조선 왕조 개국 4년째인 1395년에 처음으로 세운 으뜸 궁궐이다. '하늘이 내린 큰 복'이라는 뜻으로 경복궁(景福宮)이라 지었다. ❶ **북악산을 주산으로, 목멱산(지금의 남산)을 안산으로 삼아** 풍수지리적인 터 잡기에서도 한양의 중심을 차지했다. 정문인 광화문 남쪽으로 ❷ **관청가인 육조 거리(지금의 세종로)를 조성하고**, 그 연장선 위에 근정전, 사정전, 강녕전 등 주요한 궁궐 건물들을 일렬로 놓아, 왕조 국가인 ❸ **조선의 상징 축**으로 삼았다.

임진왜란으로 완전히 불타 없어진 후 제2의 궁궐인 창덕궁을 재건해 정궁으로 삼았지만, 경복궁은 재건을 미루어 270년 이상 폐허로 남게 됐다. ❹ **1867년에야 비로소 흥선대원군이 허약해진 왕권을 강화하기 위해 경복궁을 재건했다**.

고대 중국의 예법을 조선 왕실의 전통이나 현실과 조화시켜, 전체적으로는 규칙적 배치를 따르면서 부분적인 변화와 파격을 가미했다. 재건 경복궁은 69만 1921㎡의 광활한 대지에 ❺ **약 500여 동의 건물**을 지어 하나의 작은 도시를 이루었다. 중심부에 정무 공간을 두고, 좌우 뒤편으로 왕족의 생활 공간 그리고 곳곳에 정원 시설들을 배열했다. ❻ **일제강점기에 대부분의 건물들이 철거돼 중심부의 일부 건물들만 남았고**, 광화문을 비롯한 외전 일부를 헐어내고 조선총독부 청사를 지어 궁궐의 정면을 막기도 했다. 1990년부터 복원 사업이 꾸준히 진행돼 총독부 청사를 철거하고 그 자리에 원래의 흥례문과 행각을 복원했고, 왕과 왕비의 침전 및 왕세자가 기거한 동궁을 비롯해 궁궐의 정문인 광화문도 다시 복원해 원래의 모습을 회복 중이다.

안내판 들여다보기

❶ 북악산을 주산으로, 목멱산(지금의 남산)을 안산으로 삼아 사람이 살기 좋은 곳을 찾는 우리 고유의 학문을 '풍수지리'라고 해. 풍수지리에서 말하는 명당, 즉 '좋은 곳'의 뒤에는 주산이, 앞에는 안산이 있어야 한다고 해. 주산은 뒤에서 받쳐주는 산, 안산은 앞에서 막아주는 산을 말하지.

❷ 관청가인 육조 거리(지금의 세종로)를 조성하고 지금은 광화문 광장이 들어선 육조 거리에 조선시대에는 이조, 호조, 예조, 병조, 형조, 공조의 6조뿐 아니라 의정부, 사헌부 등 중요 관청들이 몰려 있었어. 조선 최고의 정치, 행정 중심지였지.

❸ 조선의 상징 축 조선총독부가 비뚜름히 들어서면서 이 중심축이 무너진 거야.

❹ 1867년에야 비로소 흥선대원군이 허약해진 왕권을 강화하기 위해 경복궁을 재건했다. 고종의 아버지인 흥선대원군은 어린 고종 대신 나라를 다스렸어. 그전까지 몇몇 힘 있는 가문이 나라를 좌우하던 세도정치가 이루어졌는데, 이를 없애고 왕권을 강화했지. 그걸 위해 경복궁도 다시 지은 거란다.

❺ 약 500여 동의 건물 이 중 지금까지 남아 있거나 복원된 건물은 약 4분의 1에 불과해.

❻ 일제강점기에 대부분의 건물들이 철거돼 중심부의 일부 건물들만 남았고 일제강점기에도 살아남은 건물은 근정전과 사정전, 수정전, 경회루, 향원정 등이야.

금천교(영제교)와 서수(천록)

조금 긴 안내판을 무사히 통과하면 금천과 금천교가 나온다. 경복궁의 금천교 이름은 영제교이다. 영제교 옆에서 혀를 쭉 빼물고 개천 바닥을 노려보고 있는 해치 닮은 놈이 바로 '상서로운 동물'이란 뜻의 '서수(瑞獸)'다. 경복궁의 서수는 '천록'이라는 이름을 가졌다. 혹시라도 개천을 통해 들어오는 사악한 기운을 막는 역할을 한다. 자, 이제 영제교를 넘었다면 근정문 앞에 있는 세 번째 안내판을 읽어보자.

안내판 **근정전 일원**

1876년에 중건된 근정전(勤政殿)은 왕의 즉위식이나 큰 조회와 같은 국가적 행사를 치르는 ❶ **정전**으로, 사방에 ❷ **행각**을 둘러 넓은 마당을 만들었다. 앞마당에는 ❸ **품계석**을 두 줄로 나란히 세워 벼슬아치들이 도열하는 기준으로 삼았고, 바닥에 ❹ **박석**을 깔아 궁궐 안에서 가장 상징적인 공간을 이루었다. 근정문(勤政門) 바깥에도 외행각을 둘러 또 하나의 마당을 조성했다. 서쪽에서 동쪽으로 흐르는 ❺ **금천**을 가로지르는 ❻ **어도**를 제외하고 일절 시설물이 없이 텅 비워진 신성한 공간이다. 근정전 내부는 2개 층을 터서 높고 웅장한 공간을 만들고 그 가운데에 어좌를 놓아 왕의 권위를 공간적으로 상징화했다. 2001년에 흥례문과 외행각, 영제교(永濟橋) 등을 복원했다.

안내판 들여다보기

❶ 정전 '정전'이란 궁궐의 으뜸 건물로 나라의 큰 행사를 치르는 곳이야. 궁궐의 건물은 용도에 따라 달리 부르는데, 신하들과 국정을 논하는 곳은 편전, 국왕의 생활 공간은 대전, 왕비의 거처는 중전이라고 해. 그래서 왕비를 '중전마마'라 하는 거야. 궁궐마다 정전, 편전 등이 모두 있는데, 경복궁의 정전은 근정전, 편전은 사정전, 대전은 강녕전, 중전은 교태전이란다.

❷ 행각 지금 좌우로 보이는 것처럼 벽 없이 기둥만 선 복도를 '회랑'이라 하고, 이 회랑을 벽으로 막아서 사무실이나 창고로 쓰도록 한 것을 행각이라고 해. 지금은 모두 회랑이 됐지만, 기둥 아래를 보면 나무를 끼워 벽을 세운 흔적을 찾을 수 있지.

③ 품계석 조선시대에는 관직의 등급을 '품계'라 불렀어. 정1품에서 종9품까지 모두 18등급이 있었단다. 조회를 할 때 관리들은 자신의 직급에 맞는 품계석에 줄지어 섰지.

④ 박석 옛날 마당에 깔았던 돌을 박석이라고 해. 궁궐의 박석이 울퉁불퉁한 것은 돌을 다듬는 기술이 모자라서가 아니라, 맑은 날 햇빛의 반사를 줄이고, 비 오는 날 미끄러지는 것을 막기 위해서래. 궁궐 밖에도 땅이 질거나 보호해야 할 곳에 이 돌을 깔기도 했는데, 그런 곳들은 지금도 '박석고개'라 불리곤 하지.

⑤ 금천 아까 말했던 풍수지리에서는 주산과 안산 말고도 명당 앞에는 반드시 물이 흘러야 한다고 믿었어. 그래서 궁궐마다 일부러 개천을 흐르게 하고 '금천'이라 불렀지. 당연히 금천은 경복궁뿐 아니라 다른 궁궐에도 모두 있단다. 금천교는 금천을 가로지르는 다리를 말해. 금천교를 지나면 지엄한 왕의 공간으로 들어가게 되는 거야.

⑥ 어도 글자 그대로 '왕의 길'이야. 가운데가 볼록하게 나와 있어서 신하가 다니는 길과 구별되지. 왕은 주로 가마를 타고 어도 위를 다니셨대.

익숙지 않은 낱말이 몇 있었지만 이쯤 설명하면 아이의 고개도 끄덕여진다. 그렇다면 이번 미션도 성공. 근정문을 넘으면 넓디넓은 근정전의 앞뜰인 '조정(사극에서 '조정 대신'이라고 할 때의 바로 그 조정)'이 좌~악 펼쳐지는데, 여기서 잠깐! 지금 막 통과하려고 하는 근정문의 좌우로 작은 문이 하나씩 보이는지? 가운데 큰 문은 당연히 국왕 전용이고, 왼쪽의 작은 문은 무반 전용인 월화문(月華門), 오른쪽은 문반 전용인 일화문(日華門)이다(문반과 무반을 합친 것이 바로 양반이다). 해와 달, 그러니까 여기에도 음양 사상이 녹아 있는 것이다.

국왕 전용인 문 계단 한가운데, 봉황을 새겨 넣은 돌판의 이름은 '답도'다. 여기서 퀴즈 하나. 그렇다면 임금은 밟으면 미끄러질 것만 같은 이 기다란 답도를 어떻게 다녔을까? 답은 근정전 안내판

근정문과 월화문(왼쪽), 일화문(오른쪽)

근정문 답도

설명에 이미 나와 있다. 다른 어도와 마찬가지로 답도 또한 임금은 가마를 타고 '공중부양'해 다녔다.

근정문을 넘어서면 갑자기 눈앞이 확 트이면서 보기만 해도 근엄해지는 건물, 경복궁의 으뜸 전각인 '근정전(勤政殿)'이 나온다. 근정전이란 이름은 '부지런히 정사에 힘쓴다'는 뜻. 아, 그런데 전각은 또 뭐냐고? 조선시대에는 건물마다 격이 달랐고, 그에 따라 부르는 이름이 달랐다. 그중 최고의 건물에는 '전(殿)' 자를 붙였는데, 근정전이나 중전같이 주로 왕과 왕비가 거처하는 곳이 해당한다. '전'에 비해 한 단계 떨어지는 것을 '당(堂)', 그보다 더 떨어지는 것은 '합(閤)' 혹은 '각(閣)'이라 불렀다. 궁궐의 건물들을 아울러서 '전각'이라고 한다(건물 이름에 대한 자세한 설명은 p.280 참조).

근정전

서수 가족(왼쪽)과 쇠고리(오른쪽)

자, 골치 아픈 설명은 이쯤에서 그치고, 이제부터는 위엄 있으면서도 아름다운 근정전을 둘러보자. 만약 눈 밝은 아이가 둘째 품계석 옆 박석 위에 박혀 있는 쇠고리에 대해 묻는다면, "그건 행사할 때 큰 천막을 치기 위한 거야"라고 가볍게 이야기해주면 된다. 그러고 나서는 저 멀리 보이는 북악산과 멋지게 조화를 이룬 근정전의 날렵한 처마도 감상하고, 동서남북을 호위하듯 도열한 청룡, 백호, 주작, 현무(이들은 고구려의 고분 벽화 〈사신도〉에도 등장한다) 석상과 그 사이 사이에 들어선 십이지신상의 재미난 얼굴도 살펴보자. 근정전의 정면 좌우 끝에서 앙증맞은(?) 아이들까지 함께 있는 '서수 가족'을 찾아보는 것도 좋다.

그런데 잠깐, 석상들이 줄지어 있는 두 층의 월대(건물 앞에 넓게 설치한 돌 기단) 중간에 화로를 닮은 독이 하나 보인다. 이것의 이름은 '드므'. '넓적하게 생긴 독'이라는 뜻을 지닌 순우리말이다. 이 심상치 않은 이름을 가진 물건의 용도는 무엇일까? 여기다 물을 담았다가 불이 나면 끄기 위해서? 그러기에는 턱없이 작아 보인다. 음… 드므의 용도를 재미있는 이야기에 담아 아이에게 알려주는 건 어떨까?

드므

"옛날 옛적, 한양의 남산 넘어 관악산에는 불귀신 한 마리가 살았단다. 하루는 그놈이 경복궁으로 놀러 와서는 여기저기를 돌아다니다, '근정전이 제일 멋지니 여기다 불을 한번 놔볼까?' 했더래. 근정전 월대에 올라 막 불을 지르려 하는데, 드므에 비친 자기 얼굴을 난생 처음 보게 됐다네. 이 불귀신은 태어나 한 번도 자기 얼굴을 본 적이 없거든. 그런데 흉측한 자기 모습을 보고는 깜짝 놀라서 '아니, 여긴 이미 무서운 놈이 먼저 와 자리를 잡고 있었구나' 하고는 다시 관악산으로 줄행랑을 쳤다지 뭐야."

그렇다. 드므는 바로 이런 용도로 궁궐의 중요한 전각마다 놓인 것이다. 또한 드므에 담긴 물은 초기 화재 진압용으로 썼다고 한다.

재미있는 석상들도 보고, 월대 중간의 드므까지 봤다면 이제 화려한 옥좌를 볼 차례. 아쉽게도 안까지 들어갈 수는 없지만, 활짝 열린 문을 통해 아름답게 장식된 근정전 내부 모습을 자세히 살필 수 있다. 그중에서도 눈길을 끄는 것은 천장의 금빛 찬란한 황룡 두 마리 그리고 국왕의 옥좌 뒤에 있는 그림이다. 옥좌 뒤 그림 병풍의 이름은 '일월오봉병(日月五峯屛)', 글자 그대로 해와 달 그리고 다섯 개의 봉우리를 그린 병풍이다. 해가 왕, 달이 왕비 그리고 다섯 개의 봉우리는 우리나라의 5대 명산인 백두산, 금강산, 묘향산, 지리산, 삼각산을 상징한다. 산 사이로 흐르는 폭포와 파도 그리고 양쪽의 소나무는 끝없이 뻗어나가는 생명력을 나타낸다고. 조선의 국왕은 어디서나 반드시 이 일월오봉병 앞에 앉았는데, 그래서 왕실 그림에 임금의 모습 대신 일월오봉병만 그려 넣은 경우도 있다. 신성한 용안

근정전 내부

(임금의 얼굴)을 이 그림이 대신하는 것이다.

천장에서 여의주를 희롱하고 있는 황룡은 발톱이 일곱이라 '칠조룡'이라고 불린다. 음양오행에서 좌청룡, 우백호, 남주작, 북현무 다음의 황룡은 가운데 자리를 차지하는 전설의 동물이다. 용은 발톱 개수에 따라 등급(?)이 나뉜다. 궁궐 내 다른 건물의 용은 발톱이 다섯인데, 유독 근정전의 황룡만 발톱이 일곱인 것을 볼 수 있다.

자, 황룡 발톱 수까지 세어봤다면 이제는 아쉽지만 근정전을 떠나 다른 곳으로 이동할 차례다. '후딱후딱 수행 평가 코스'를 원한다면 바로 뒤편 사정전으로, '쉬엄쉬엄 가족 나들이 코스'를 생각한다면 근정전 오른쪽 행각 문을 통해 동궁으로 향하면 된다.

안내판 **동궁 일원**

왕세자는 떠오르는 해와 같아서 세자궁을 세워 ❶ **동궁(東宮)**이라 부른다. 자선당(資善堂)은 세자가 거처하던 곳이며, 비현각(丕顯閣)은 공부를 하며 정무도 보던 ❷ **외전**에 해당한다. 남쪽의 춘방(春坊) 터에는 세자 교육을 담당하던 시강원이, 계방(桂坊) 터에는 경호와 의전을 담당하던 관청이 있었다. 일제강점기에 이 지역은 크게 훼손돼 자선당은 일본으로 옮겨졌다가 지진으로 불타버렸고, 기단석만 반환됐다. 현재의 건물들은 1999년에 복원된 것이다.

안내판 들여다보기

❶ 동궁(東宮) 그래서 사극을 보면 세자를 가리켜 '동궁마마'라고 하는 거야. '중전마마'는 중전에서 살고 있는 왕비를 부르는 별칭이었고. 하지만 '상감마마'의 '상감'은 국왕이 사는 곳이 아니라 임금을 높여 부르는 말이란다. '가장 높은 곳에서 백성을 두루 살피는 분'이란 뜻이래. '마마'는 왕이나 왕족 뒤에 붙이는 존칭이고 (왕실 호칭에 대한 자세한 내용은 p.160 참조).

❷ 외전 궁궐 건물들은 기능에 따라 크게 외전과 내전으로 나눌 수 있어. 외전은 근정전이나 사정전처럼 국왕이 신하와 함께 정무

를 보는 곳이고, 내전은 왕과 왕족의 사적인 생활 공간이야. 왕의 침전인 강녕전이나 왕비의 침소인 교태전 등을 내전이라고 부른단다.

안내판을 읽으며 동궁의 수난사를 생각하니, '떠오르는 태양'인 세자의 거처가 왠지 쓸쓸하게만 느껴진다. 나라를 빼앗긴 마당에 궁궐이 수난을 겪는 것이야 당연한 일이겠지만, 그중에서도 동궁 자선당의 운명은 특히 기구했다. 일제가 박람회를 한다고 동궁의

동궁 자선당

건물을 몽땅 헐어버린 것이 1914년. 자선당은 당시 경복궁 철거에 앞장섰던 일본인 오쿠라가 일본의 자기 집으로 가져가 사설 박물관으로 사용했다. 그런데 1923년 관동대지진으로 건물은 불타버리고 기단과 주춧돌만 남았다고 한다. 거기에 들어선 호텔 정원에 버려져 있던 돌들은 1993년에야 한국으로 옮겨졌지만 너무 상해서 쓰지 못하고, 지금은 건청궁의 뒷산인 녹산 한쪽에 전시하고 있다.

하지만 동궁이 멀쩡하던 시절에도 세자의 위상이 늘 '떠오르는 태양'인 것은 아니었다. 태종의 큰아들 양녕대군처럼 폐세자돼 동궁에서 쫓겨날 수도 있고, 사도세자처럼 목숨을 잃을 수도 있었다. 중종의 뒤를 이은 인종의 세자 시절 또한 불운과 불안의 연속이었

자선당 유구(기단과 주춧돌)

다. 친모인 장경왕후는 인종을 낳고 며칠 만에 눈을 감았고, 계모인 문정왕후는 자신의 친아들인 경원대군을 세자로 올리기 위해 몇 번이나 인종을 독살하려 했단다. 결국 누군가의 방화로 동궁에 불이 났고, '이렇게 불안하게 살 바에야 차라리 이 불길 속에서 죽어 평안을 찾겠다'고 마음먹은 세자 부부는 자선당에서 나오려 하지 않았다고 한다. 하지만 자신을 부르는 부왕의 울부짖음을 듣고 불길을 헤치고 나왔고, 마침내 왕의 자리에 올랐다. 안타깝게도 8개월 만에 세상을 뜨고 말았지만 말이다.

이렇듯 세자의 자리는 궁중의 권력 투쟁이 이루어지는 최전선, 두말할 필요 없이 엄혹한 자리였다. 연산군, 광해군까지 포함한 조선의 스물일곱 왕 중에 왕비가 낳은 맏아들 세자가 왕위에 앉은 것은 겨우 일곱뿐. '왕자의 난'으로 죽거나(의안대군), 의문사하거나(소현세자), 심지어 아버지의 손에 죽는 경우(사도세자)도 있었다.

혹시 아이가 "아빠가 왕이었으면 난 세자가 돼서 손 하나 까닥 안 하고 잘 먹고 잘 살았을 텐데…."라는 식으로 이야기한다면, 권력의 비정함과 세자의 불운까지 이야기해줄 필요도 없다. 대신 조용히 이렇게 말해주면 된다.

"너 조선시대 세자가 어떻게 공부했는지 알아? 어머니의 배 속에 있을 때부터 《논어》나 《중용》 같은 한문책을 매일 들어야 했어. 일종의 선행학습이지. 게다가 세 살 때부터 《천자문》과 《소학》을 배우고, 아침(조강), 점심(주강), 저녁(석강) 하루 세 번 수업에 가끔은 밤에도 특별 수업(야대)을 했단다. 그래도 시험은 없지 않았느

동궁 뒷간

냐고? 그럴 리가! 매일 전날 배운 내용을 체크하는 구술시험을 치러야 했고, 정기적으로 평가 시험을 본 뒤에는 성적표까지 받았어. 가끔은 왕 앞에서 발표 수업(회강)을 했고 말이야."

이 정도라면 웬만큼 학원에 단련된(?) 아이라도 세자 자리를 쉽게 포기하지 않을까?

동궁에서 빼먹지 말아야 할 건물이 하나 더 있다. 자선당 바깥에 있는, 경복궁에서 가장 자그마한 건물이 그것이다. 이것이 바로 궁궐의 '뒷간'. 임금과 왕족이야 전용 이동식 화장실인 '매화틀(매우틀)'을 사용했지만, 궁궐의 다른 사람들은 경복궁 곳곳에 있는 뒷간을 이용했다. 원래 20개가 넘었는데, 지금은 동궁에 유일하게 복원해놓았다고 한다. 자선당에서 뒷간까지 모두 보았다면, 이제는 동궁을 빠져나와 바로 뒤편 소주방으로 발걸음을 옮겨보자.

안내판 **소주방**

경복궁 ❶ **소주방(燒廚房)**은 조선시대 임금의 ❷ **수라**와 궁중의 잔치 음식을 준비하던 궁중 부엌으로 내소주방(內燒廚房), 외소주방(外燒廚房), 생물방(生物房) 세 구역으로 나뉘어 있다. 내소주방은 임금의 수라를 만들던 곳이며, 외소주방은 궁중의 잔치, 고사 음식을 차리던 곳이다. 그리고 생물방은 임금의 간식인 다식, 죽, 과일, 떡 등을 차리던 곳이다. 소주방은 조선 태조 4년(1395) 경복궁 창건 때 건립됐으나, 1592년 임진왜란 당시 화재로 소실됐다가, 고종 4년(1867) 경복궁을 중건할 때 건립됐다. 그러나 1915년 일제가 ❸ **조선물산공진회(朝鮮物産共進會)**를 개최하는 과정에서 경복궁의 여러 전각과 함께 헐려 없어졌다. 현재의 소주방은 2011년부터 복원 공사를 시작해 2015년에 복원 완료했다.

안내판 들여다보기

❶ 소주방(燒廚房) 아빠가 좋아하는 소주를 만드는 곳이냐고? 아니. '익힐 소(燒)'에 '부엌 주(廚)' 자를 써서 '음식을 만드는 부엌', 즉 대궐의 주방을 가리킨단다. '수라간'이라고도 했대.

❷ 수라 임금의 식사를 뜻하는 '수라'는 몽골에서 온 말이야. 고려가 몽골의 부마국이었을 때 들어왔지. 왕과 왕비를 높이는 호칭인 '마마', 하급 궁녀를 뜻하는 '무수리'도 그때 들어온 말이래.

❸ 조선물산공진회(朝鮮物産共進會) 일제의 식민 통치 5주년을 기념하는 행사야. 그동안 여러 산업이 발전했다는 걸 보여주기 위한 박람회였어. 이 행사를 경복궁에서 치르면서 많은 전각이 없어지거나 훼손됐단다.

소주방

조선의 국왕은 보통 하루에 다섯 끼를 먹었다. 그렇다고 대식가라 흉볼 것까진 없다. 그중 아침과 저녁 수라를 뺀 세 끼는 간단한 식사였으니 말이다. 아침 일찍 일어나 먹는 '초조반'은 보통 죽이나 미음이었고, 점심인 '낮것상'은 국수나 떡, 야참은 다과나 식혜를 올렸다고 한다. 물론 보통 하루 두 끼를 먹는 백성들보다야 많이 먹었지만, 새벽부터 밤까지 격무에 시달리는 걸 감안하면 그럴 수도 있겠다 싶다.

12첩 반상을 차렸다는 수라상도 국왕에 따라 차이가 컸다. 검소하기로 이름난 영조는 하루 두 끼만 먹었고, 정조 또한 하루 두 끼만 먹었는데 반찬도 서너 가지 이상 놓지 않았다고 한다. 반면 세종대왕은 소문난 '고기 마니아'였고, 고종은 한밤중 야참으로 냉면과

설렁탕을 즐겼단다.

경복궁 소주방을 사라지게 만든 조선물산공진회는 일제가 식민지배를 정당화하기 위해 야심차게 기획한 행사였다. 거기다 한반도에서 생산된 물건뿐 아니라 일본의 생산품이나 외국 수입품까지 모두 4만 점이 넘는 물품을 전시했다. 여기에는 산업, 교육, 위생, 교통 등 경술국치 이후 발전된 모습을 홍보하는 전시물도 포함됐다. 게다가 일제는 전국의 이름난 기생들까지 동원해서 사람들을 끌어모았다. 덕분에 두 달이 안 되는 행사 기간 동안 무려 120만 명 가까이 행사장을 찾았단다. 당시 인구가 1600만 명도 안 됐으니, 정말 대단한 인파가 몰린 셈이다.

행사 장소를 경복궁으로 정한 것에도 일제의 치밀한 계산이 숨어 있었다. 조선을 대표하는 법궁에서 일제의 지배를 미화한다는 상징적 의미 외에도, 이번 기회에 경복궁을 철저히 훼손한다는 실질적 목적도 있었다. 근정전, 교태전, 경회루 등 중요 건물들을 전시회장으로 만들면서 훼손하고, 소주방을 비롯한 수많은 전각을 헐고 새로운 전시장을 지었다. 이는 일제강점기 내내 계속된 궁궐 파괴의 시작이었다.

소주방에서 수라상 구경도 하고, 소주방이 사라지게 된 '일제의 음모'까지 알아보았다면, 이제 다시 발걸음을 궁궐의 중심축으로 돌려보자. 광화문과 홍례문, 근정전을 잇는 경복궁의 중심축은 사정전으로 이어진다.

안내판 **사정전 일원**

왕이 고위직 신하들과 더불어 일상 업무를 보던 곳으로, 아침의 조정 회의, 업무 보고, 국정 세미나인 ❶ **경연** 등 각종 회의가 매일같이 열렸다. 1867년 중창된 사정전(思政殿)은 공식 업무 공간으로 마루만 깔려 있지만, 좌우의 만춘전(萬春殿)과 천추전(千秋殿)은 비공식 업무 시설로서 ❷ **온돌방**을 두어 왕과 신하들에게 편의를 제공했다. 사정전 앞의 행각에 천지현황(天地玄黃) 등 천자문 순서로 이름을 붙인 ❸ **창고**가 있어 왕실의 요긴한 물품들을 저장했다.

안내판 들여다보기

❶ 경연 왕과 신하가 함께 학문을 공부하는 것을 경연이라고 하는데, 보통 조강, 주강, 석강, 이렇게 하루 세 번 했다고 해. 교과서는 유교 경전인 사서오경이나 역사서였어. 세자 때 엄마 배 속에서 시작된 공부가 왕이 돼서도 계속됐던 거야.

❷ 온돌방 그러니까 추울 때는 만춘전이나 천추전에서 회의를 했지.

❸ 창고 왕실의 재물을 보관하는 창고를 '내탕고'라고 해.

경복궁에서 살았던 조선 국왕이 하루의 대부분을 보낸 곳이 바로 사정전이다. 왕의 하루 일과는 업무의 연속이었고, 주로 근정전에서 치르는 일부 의식과 행사를 제외한 거의 모든 일상적인 업무가 이루어지는 편전이 바로 사정전이었기 때문이다.

천추전(왼쪽)과 사정전(오른쪽)

조선시대 왕의 일과는 물시계인 자격루가 설치된 보루각의 새벽 종소리와 함께 시작된다. 이때가 보통 새벽 4~5시 사이. 죽 한 사발 정도의 간단한 아침 식사를 하고, 왕실의 웃어른에게 문안을 드린 후 조강(아침 공부)을 하고, 아침 수라를 받은 후 다시 대신들과 함께 조참(정식 조회)이나 상참(약식 조회)을 하고, 조회에 참석하지 않은 신하들의 보고를 받고는 점심 식사, 다시 주강(점심 공부)을 하고 나서는 신료 접견과 또 이어지는 석강(저녁 공부), 저녁을 먹고 나서는 다시 왕실 웃어른께 저녁 인사를 하고 각종 상소문을 읽은 후 잠자리에 드는 시간은 보통 11시 무렵이었다.

이렇게 하루 종일 머리를 쓰는데, 몸 쓸 일은 거의 없었다. 더구나 낮에는 붓을 든 사관이 쫓아다니고, 밤에는 지밀상궁(지밀은 임금의 침소라는 뜻)이 사방에서 왕의 일거수일투족을 살피고 있다. 항상 반정과 독살의 위협에 시달리고, 게다가 명절 때 며칠 쉬는 것을 제외하고는 쉬는 날도 거의 없었으니 조선 국왕의 평균 수명 47세가 오히려 장하게 느껴질 지경이다. 그러니 아침 조회에 하루도 빠지지 않고, 밤에는 집현전 학자들의 야근까지도 챙겼다는 세종대왕이나, 이런 빡빡한 일정을 소화하면서도 83세로 최장수를 기록한 영조대왕을 생각하면 존경심이 절로 일어나는 것이 당연하다. 또 한편으로는 연산군이 경연이니 상참이니 하는 것들을 몽땅 폐지했다는 것이 이해가 가기도 한다.

규모와 위엄을 강조하는 근정전에 비하면 사정전은 사뭇 아늑함마저 느껴진다. 내부도 높이 솟은 용상에 벽돌 바닥인 근정전과는

사정전 내부

달리 마룻바닥에 야트막한 옥좌가 놓여 있다. 물론 옥좌 뒤로는 일월오봉병이 둘러쳐져 있고. 다만 옥좌 위의 운룡도가 화려함과 위엄을 보여주는데, 구름 사이 여의주를 가운데 두고 희롱하는 두 마리의 용 그림은 임금과 신하가 조화를 이루어야 한다는 뜻이라고 한다.

사정전 바로 앞에는 아이들이 운룡도보다 더 좋아할 유물이 전시돼 있다. '하늘을 바라보고 있는 솥 모양의 오목 해시계'라는 뜻의 '앙부일구'가 그것이다. 세종 때 장영실 등이 만들었다는, 대한민국 사람이라면 거의 모르는 이가 없는 조선시대 대표 해시계다. 그럼 여기서 아이와 함께 앙부일구 읽기에 도전해볼까? 앙부일구는 초등학교 교과서에 등장하는 것이기도 하다.

"앙부일구는 누구나 편리하게 시간을 알 수 있도록 만든 것이 장점이야. 지금도 간단하게 시간과 계절을 알 수 있지. 오목한 반구 안쪽에 겹겹이 그려진 가로줄과 세로줄이 보이지? 그 가운데 삐죽 솟아 있는 쇠침이 바로 '영침'인데, 이 영침의 그림자와 만나는 세로줄이 바로 지금 시간이야. 한가운데가 오후 12시고 세로줄 한 칸이 15분씩이니까 더하거나 빼서 지금 시간을 알 수 있어. 그림자가 오른쪽으로 치우치면 시간을 더하면 되고, 왼쪽으로 치우치면 시간을 빼면 돼. 가로줄은 24절기를 나타내는 건데, 이건 계절의 변화를 알려주는 거야."

앙부일구

그러니까 영침의 그림자가 중간 가로줄보다 4칸 오른쪽 선과 만난다면 지금 시간은 1시인 거다. 그런데 잠깐. 앙부일구를 아무리 정확히 읽어도 지금 내 손목의 시계와는 30분 정도 차이가 난다. 아무래도 옛날 해시계가 정확하지 않은 탓일까?

사실은 그 반대다. 지금 우리 손목시계가 표시하는 시간은 대한민국의 시간이 아니라 일본의 시간이기 때문이다. 오히려 서울의 현재 시간을 더 정확히 가리키는 것은 앙부일구다. 여기에는 역사적 배경이 있다. 대한제국 때 처음으로 국제 표준시를 도입하면서 일본보다 30분 빠른 시간을 채택했지만, 일제강점기에 일본 표준시로 통합됐다. 한국전쟁 후에 다시 30분을 당겼지만, 5·16군사정변 뒤에는 일본 표준시로 되돌아갔다.

그 뒤로도 "일제 잔재를 청산하자!"라면서 대한민국 표준시를 30분 당기는 법률 개정안까지 나왔지만, 현실적인 이유 탓에 이루어지지 않았다. 국제 표준시를 30분 단위로 변경하면 다른 나라와의 교역에 막대한 혼란과 비용이 발생하기 때문이다. 이런 까닭에 전 세계 대부분의 나라들이 한 시간 단위로 떨어지는 표준시를 쓰고 있고, 북한도 마찬가지다.

자, 해시계 읽기까지 마쳤다면, 이제부터는 구중궁궐, 왕실의 내밀한 생활 공간으로 들어갈 차례다. 왕과 왕비의 침전, 휴식과 생활하는 공간. 과연 그들의 '사생활'은 어떠했을까?

안내판 **강녕전과 교태전**

왕과 왕비의 생활 공간 영역이다. 사랑채에 해당하는 ❶ **강녕전(康寧殿)**은 왕이 독서와 휴식, 신하들과 면담을 하던 곳이고, 안채에 해당하는 ❷ **교태전(交泰殿)**은 왕비가 거주하면서 궁 안 생활을 총지휘하던 곳이다. ❸ **1917년에 강녕전과 교태전을 뜯어 창덕궁으로 옮겨** 사라진 것을 1995년 다시 지었다. 교태전 뒤편에 계단식 화단을 쌓아 ❹ **아미산**을 조성하고, 4기의 장식적인 굴뚝과 관상용 수석들을 배열해 정원을 만들었다. 아미산 정원은 뒷산인 백악의 정기를 침전까지 이어주며, 왕비의 후원답게 은밀하면서도 기품 있게 꾸며졌다.

안내판 들여다보기

❶ 강녕전(康寧殿) '강녕'은 몸이 건강하고 마음이 편안한 상태를 이르는 말로 '오복(五福)' 중 하나래. 근데 혹 아니? 치아가 튼튼한 것은 원래 오복에 안 들어간다는 사실!

❷ 교태전(交泰殿) 왕비가 '교태를 부려서' 교태전이라고? 천만의 말씀. '교태'는 《주역》에 나오는 말로, '땅과 하늘의 기운이 화합한다'는 멋진 뜻이야. 하늘은 왕, 땅은 왕비, 그러니 둘이 잘 산다는 말이겠지?

❸ 1917년에 강녕전과 교태전을 뜯어 창덕궁으로 옮겨 1917년 당시 순종임금이 있던 창덕궁의 침전이 불에 타자 일제는 경복궁의 강녕전과 교태전을 뜯어 창덕궁의 희정당과 대조전을 지었어. 경복

궁을 없애버리기 위한 행동이었지.

④ 아미산 아미산은 경회루 연못을 팔 때 나온 흙으로 만든 작은 인공 산이야.

드디어 조선 국왕의 생활 공간인 강녕전이다. 간만에 다시 간단한 퀴즈로 시작해볼까? "임금이 잠을 자는 강녕전은 지금까지 우리가 보았던 전각과는 다른 특징이 있어. 뭔지 한번 찾아볼까? 힌트는 지붕!" 아이의 눈썰미가 좋다면 힌트를 주기도 전에 찾을 것이고, 그

강녕전

렇지 않더라도 이 정도 힌트라면 답을 찾기가 어렵지 않을 것이다.

그렇다. 강녕전에는 다른 건물에 모두 있는 용마루가 없다. 아, 근데 용마루가 뭐냐고? 하긴, 사방을 살펴도 아파트 천지인 도시에 살면서 용마루를 알기가 쉬운 일은 아니다. 용마루는 전통 한옥 지붕의 꼭대기에 기와를 겹쳐 쌓거나, 흰빛이 나는 단단한 흙으로 마감한 부분을 가리킨다. 이 용마루를 축으로 서까래가 내려와 지붕을 받치는 것이다(궁궐 전각의 자세한 구조와 명칭에 대해서는 p.282 참조). 그러니 용마루가 없이 큰 건물을 지으려면 더 까다로운 건축 공법이 필요하게 된다. 그러면 굳이 강녕전에 용마루를 없앤 이유는 무엇일까?

"사실, 왜 강녕전에 용마루를 만들지 않았는가 하는 것에 대한 정확한 기록은 없어. 하지만 용마루가 없는 건물이 왕의 침실인 강녕전과 왕비의 침실인 교태전이란 사실을 생각하면 이런 추측이 가능하지. 조선시대 왕은 용에 비유됐잖아. 그래서 임금의 얼굴은 용안, 옷은 용포라 불렀고. '용'마루도 용이고, 왕도 용이니, 용 위에 용이 있으면 싸움이 나지 않을까, 해서 임금이 자는 곳에는 용마루

사정전 용마루

용마루가 없는 강녕전 지붕

를 만들지 않았다고들 해."

강녕전에 있는 임금의 침소는 우물 정(井) 자 모양으로 다른 방들에 둘러싸인 가운데 방이다. 귀중한 옥체의 안전을 위해서 혹시라도 자객이 숨어들까 가구를 거의 없앴다니, 좀 휑한 분위기였겠다. 그래도 혹시나 무슨 일이 생길까 염려해 둘레의 작은 방에서는 지밀상궁과 나인들이 24시간 교대로 자리를 지켰다. 아무리 '안전이 제일'이라곤 하지만, 이거 좀 과도한 프라이버시 침해 아닐까?

왕의 침전인 강녕전 뒤로는 왕비의 침소인 교태전이 있다. 이곳은 궁궐의 가장 중심이라 하여 '중전'이라 했고, 여기서 '중전마마'라는 왕비의 별칭이 생겨났다. 그런데 '교태전'이라니? 설마 왕비가 왕에게 교태를 부린다 하여 붙인 이름일까? 물론 그럴 리 없다. 교태(交泰)란 《주역》의 64괘 중 '지천태괘'에서 따온 말이다. 땅의 기운과 하늘의 기운이 잘 화합해 서로 소통한다는 뜻이니 왕과 왕비가 함께하는 처소의 이름으로 '딱'이라 할 수 있다.

왕과 왕비의 합궁은 주로 교태전에서 이루어졌는데, 좋은 날을 가려 정했다. 하지만 문제는 이런저런 이유로 흉일을 빼고 나면 길일은 한 달에 며칠이 채 되지 않는다는 것. 물론 길일이라고 늘 합궁이 이루어지지는 않았을 테니, 왕비의 왕세자 생산은 그리 만만한 일이 아니었다. 그렇다고 중전이 임금 오기만을 기다리며 한가롭게 지낸 것은 아니다. 여러 후궁을 거느리고 왕실의 살림을 두루 살펴야 하는 중전은 국왕 못지않게 일이 많고 고단한 자리였다.

교태전

중전의 지난한 삶은 세 번의 시험(삼간택)을 거쳐 왕세자비가 되는 순간부터 시작됐다. 최종 간택되는 순간부터 집을 떠나 별궁에 머물며 왕비 수업을 시작해, 남편이 왕위에 오르기까지 험난한 여정을 가슴 졸이며 함께해야 했으며, 왕비가 된 후라도 자칫 정치적 희생물로 폐비가 되는 불운을 맞기도 했다.

하지만 어른들의 힘든 세상 이야기를 아이가 온전히 이해하기는 어려울 터. 그렇다면 그저 화려한 왕비의 복장 뒤에 숨은 고통을 가지고 국모 자리의 어려움을 설명하는 것은 어떨까?

"텔레비전에서 왕비의 화려한 차림을 본 적이 있지? 그중에서 머리에 올린 커다란 장식머리를 '어여머리'라고 하는데, 어여머리는 지위가 높을수록 더 컸다는구나. 왕비의 커다란 장식머리를 쓰면 고개를 들기조차 힘들었대. 그런데도 꼿꼿이 머리를 들고 힘든 티도 못 낸 것이 왕비의 삶이었어. 보통 열다섯 살 정도에 부모와 헤어져 한평생 이렇게 힘들고 답답하게 살았지. 광해군의 왕비는 평소 궁중에 불상을 모셔놓고 다음 세상에는 부디 왕가 아닌 여염집의 여자로 다시 태어나게 해달라고 빌 정도였다는구나."

교태전의 아담한 후원인 '아미산'은 구중궁궐에 갇혀 사는 중전의 시름을 달래기 위한 위로 공간이다. 아미산이란 이름은 중국 산둥에 있는 유명한 산에서 따왔다. 경회루를 만들 때 나온 흙을 쌓아 만든 작은 인공 언덕에 층층이 꽃계단(화계)을 쌓고 독특한 모양의

아미산 굴뚝

돌덩이로 장식했다. 하지만 아미산에서 가장 눈에 띄는 것은 보물 제81호로 지정된 굴뚝이다. 언뜻 보면 굴뚝이란 사실이 믿기지 않을 정도로 단아한 모양에 화려한 장식을 둘렀다. 여기에 장수, 부귀, 행복 등을 상징하는 봉화, 박쥐, 학, 모란, 국화, 매화, 해치, 불가사리, 박쥐 등을 새겨 넣었다. 아이와 함께 숨은그림찾기 하듯 하나씩 찾아보면 재미날 듯. 그러고 나면, 아미산 오른쪽 문을 통해 대비가 살았던 자경전으로 발걸음을 이어보자.

안내판 **❶ 자경전 일원**

헌종(24대 왕)의 어머니인 신정황후 ❷ **조 대비**는 고종(26대 왕)의 즉위에 결정적인 기여를 했다. 이에 보답해 흥선대원군은 조 대비를 위한 거처를 궁 안에서 가장 화려하고 섬세하게 만들었다. 1888년 재건된 자경전(慈慶殿)을 중심으로 서북쪽 복안당(福安堂)에 온돌방을 들여 겨울용 침전으로, 동쪽 청연루(淸讌樓)에는 ❸ **누마루**를 설치해 여름용 거실로 삼았고, ❹ **협경당** 등 여러 부속 시설을 연결했다. 뒤편 담장의 십장생 굴뚝은 여러 개의 온돌방 굴뚝들을 하나로 합친 집합 굴뚝이며, 무병장수를 상징하는 동식물을 조각해 예술품으로 승화했다. 서편 담장에도 여러 꽃나무들과 만수무강을 기원하는 문자들을 새겨 넣어, 나이 든 대비전 주인의 장수를 기원했다.

안내판 들여다보기

❶ 자경전 자경(慈慶)이란 '왕실의 어른들에게 경사가 있기를 기원한다'는 뜻이야. 정조임금이 어머니 혜경궁 홍씨를 위해 창경궁에

지은 '자경당'에서 유래한 말이래.

❷ 조 대비 대비는 임금의 어머니를 높여 부르는 말이지.

❸ 누마루 '누(樓)'라는 것은 땅에서 사람 키 높이 이상 띄워 지은 건물을 말해. 조금 이따 볼 '경회루'가 대표적이지. 마루 중에서도 이렇게 아래 기둥을 세우고 공중에 띄워 설치한 높은 마루를 '누마루'라고 해.

❹ 협경당 여기에는 주로 대비를 모시는 상궁이나 나인들이 묵었대 (궁녀에 대한 자세한 내용은 p.206 참조).

교태전을 빠져나와 자경전으로 향하는 가족 유람단의 눈길을 먼저 끄는 것은 자경전을 둘러싸고 있는 아름다운 꽃담이다. 교태전과 자경전 사이에는 원래 38칸짜리 자미당과 인지당 등이 촘촘히 들어서 있었다고 하지만, 지금은 허허로운 벌판에 나무 몇 그루만이 자리를 지키고 있다. 이 터에서 자경당 쪽을 바라보면 매화, 복숭아, 모란, 석류, 국화, 대나무 등의 아름다운 문양을 기하학적으로 새긴 꽃담이 길게 이어진다. 언뜻 보면 그게 그거 같지만, 자세히 보면 사실적인 묘사에서 꽃과 나무들을 구별할

자경전 꽃담

수 있으니 아이와 함께 하나하나 이름을 맞혀가며 걷는 것도 재미있다. 이렇게 꽃담길을 따라 걷다 보면 자연스럽게 자경전으로 들어가는 만세문이 나온다.

"어때? 무척 아름답고 정성이 가득 들어 있다는 느낌이 들지? 이건 안내판에 나와 있는 대로 조 대비가 홍선대원군의 둘째 아들을 왕으로 선택했기 때문에 이렇게 아름다운 건물을 지어 보답한 거야. 당시 왕이었던 철종이 아들 없이 죽었기 때문에 다음 왕을 왕족 중에서 뽑는 권한이 왕실의 가장 큰 어른이었던 조 대비에게 있었거든. 자경전은 고종 때 지어진 모습 그대로 남아 있는 몇 안 되는 건물 중 하나이기도 해."

자경전

여기서 잠깐, 초등학교 교과서에 나오는 내용을 기반으로 보충 설명 들어간다. 얼추 알고들 있겠지만, '대원군'이란 '자신은 왕이 아닌 왕의 아버지', 즉 후손 없이 죽은 왕의 뒤를 이은 왕의 친아버지를 가리키는 말이다. 조선시대에는 모두 세 명의 대원군이 있었는데, 그중 살아서 대원군의 칭호를 받은 사람은 흥선대원군이 유일하다.

철종이 후손 없이 승하한 때는 바야흐로 '세도정치'의 시대. 왕비를 배출한 왕실의 외척 세력이 모든 국정을 주무르고 있었다. 이때 왕위 선택권을 쥐게 된 신정왕후 조 대비는 당시 최고의 세도가였던 안동 김씨 세력을 견제하고자 평소 안동 김씨 세력과 대립 관계에 있었던 흥선대원군 이하응과 손을 잡는다. 그의 둘째 아들인 고종을 자신의 양자로 올린 다음 국왕으로 만든 것이다. 이후 조 대비의 뜻대로 흥선대원군은 안동 김씨의 세도정치를 끝장냈고, 경복궁을 복원하는 등 왕권 강화를 위해 힘썼다. 별 볼 일 없는 왕실의 먼 친척으로 세도가들에게 '상갓집 개'라 불리며 멸시받았다는 흥선대원군에게 조 대비의 고종 지명은 가뭄 끝의 단비처럼 반가웠을 것이다.

이렇듯 고마운 조 대비를 위한 침전이니 돌 하나 나무 한 조각 소홀할 리가 없다. 그중에서도 백미는 보물 제810호로 지정된 '십장생 굴뚝'이다. 자경전 뒷마당에 있는 십장생 굴뚝은 글자 그대로 십장생을 새겨 넣은 굴뚝인데, 실제로 연기를 뿜어내는 역할을 하는 동시에 벽화 같은 아름다움을 뽐내는 걸작이다. 그럼 여기서 십장

십장생 굴뚝

생이 무엇인지 아이와 함께 하나하나 확인해볼까? 겨울에도 푸른 정절의 소나무, 선계(仙界)의 필수 아이템 구름, 500년을 살면 희게 된다는 사슴, 장수의 대명사 거북, 진시황이 찾아 헤맨 불로초, 신선이 타고 다닌다는 학, 영원히 밝은 해와 달, 변함없는 바위, 영원토록 돌고 도는 물까지. 석류와 포도는 십장생에 들지는 않지만 씨와 열매가 주렁주렁 열리는 다산의 상징이라 같이 넣었단다.

자경전을 나오면 저 멀리 보이는 향원정으로 가는 길에 흥복전, 함화당, 집경당 등이 보인다. 내전 내 편전으로 지어진 흥복전은 조대비가 세상을 뜬 곳이기도 하다. 1917년 창덕궁 화재 때 강녕전, 교태전 등과 함께 뜯겨나갔다가, 100여 년 만인 2018년에 복원됐다. 후궁들이 살던 영역에 있는 함화당과 집경당은 건물의 용도가 불분명한 관계로 패스. 바로 고종황제와 명성황후의 사랑과 비극이 고스란히 남아 있는 향원정과 건청궁으로 향하도록 하자.

안내판 ❶ **향원정과 건청궁**

고종 내외가 아버지인 ❷ **흥선대원군의 간섭에서 정치적으로 자립하기 위해 1873년** 건청궁(乾淸宮)을 궁궐 안 북쪽에 별도로 조성했다. 침전인 곤녕합, 옥호루와 왕의 사랑채인 장안당 등으로 구성됐다. 곤녕합은 1895년 을미사변 때 명성황후가 ❸ **시해**된 역사적 비극의 장소다. 후궁 영역 뒤 정원으로 만들어진 연못 안에는 원래 취로정(翠露亭)이 있었는데 건청궁을 창건하면서 그 자리에 향원정을 새로 지어 건청궁의 앞 정원이 됐다. 부정형의 연못에 둥근 섬을 만들고 육각 정자를 세웠으며, 원래는 북쪽으로 다리를 놓아 건청궁과 연결했으나 현재는 남쪽으로 놓여 있다.

안내판 들여다보기

❶ 향원정 향원정이란 이름은 '향기는 멀리 갈수록 맑아진다'라는 뜻이래. 멋지지 않아?

❷ 흥선대원군의 간섭에서 정치적으로 자립하기 위해 1873년 이때 고종의 나이는 만 스물하나. 열한 살이라는 어린 나이에 즉위했기에 10년간은 아버지가 대신 나라를 다스렸어. 하지만 이제 고종이 직접 나라를 다스릴 나이가 된 거지. 건청궁을 지은 해 11월에 흥

선대원군은 운현궁으로 물러나고 고종이 왕권을 되찾게 됐단다.

❸ 시해 부모나 임금을 죽이는 일을 이렇게 불러. 한마디로 있어서는 안 될 일이지.

경회루가 신하나 사신들에게 연회를 베푸는 공간이라면, 향원정은 왕과 왕비가 조용히 휴식을 취하는 공간이었다. 흥선대원군에게서 왕권을 되찾은 고종은 명성황후와 함께 건청궁에 머물렀고, 향원정으로 다리를 내어 틈틈이 찾으며 휴식을 취했다고 한다. 다리 이름은 취향교. '향기에 흠뻑 취한다'는 뜻이라니, 향원정과 어울리는 이름이다. 또한 겨울에 연못이 얼면 서울 거주 외국인들을 초대해 '피겨스케이팅 파티'를 열기도 했단다. 고종과 명성황후는 피겨스케이팅 묘기를 보면서 환성을 지르기도 했다고. 지금은 취향교의 방향을 원래대로 돌리는 동시에 향원정도 튼튼히 보수하는 공사가 한창이다.

향원정 연못을 따라 시계 방향으로 돌다 보면 북서쪽 모서리 끝에 맑은 물이 솟아오르는 샘이 하나 보인다. 이 샘의 이름은 '열상진원(洌上眞源)'. '진짜 차고 맑은 물의 근원'이라는 뜻이란다. 아주 맑은 물이어서 조선 초기에 경복궁을 지었을 때부터 여기서 나온 물을 왕실 음료로 사용했다고 한다. 이곳에서 시작된 물이 향원정에 모이고, 다시 경회루와 금천교를 거쳐 한강을 지나 서해로 흘러드는 것이다.

향원정

열상진원

열상진원에서 조금 더 가면 우리나라에서 최초로 발전기로 전기를 만들고 전구를 달았던 '전기 발상지'가 나온다. 이곳에는 아이들도 잘 아는 외국인도 연관돼 있으니 잠시 설명을 하고 가는 것이 좋겠다.

"세계 최초로 전구를 만든 사람이 누구지? 맞아, 에디슨. 그런데 에디슨이 전구를 발명한 지 8년밖에 지나지 않았을 때, 바로 그 에디슨이 만든 회사에서 우리나라 최초의 발전 시설을 이곳에 만들었대. 여기서 발전기를 돌려 얻은 전기로 건청궁을 환하게 밝혔지. 우리나라의 전기 시설은 중국이나 일본보다 2년이나 빠른 '동아시아 최초'였어. 에디슨이 보낸 전기 기술자는 '경복궁의 전기 시설이 동양에서 가장 훌륭하다'는 보고서를 제출했다는구나."

우리나라 최초의 전구가 불을 밝힌 것은 1887년. 그보다 몇 해 전

미국을 방문했던 조선 사절단 보빙사 일행이 에디슨의 전구 회사를 방문한 것이 계기가 됐다. 보빙사를 이끈 민영익의 보고를 받은 고종이 전기 도입에 적극 나선 것이다. 그만큼 고종은 근대화에 적극적이었다.

하지만 얼마 지나지 않아 문제가 생겼다. 발전기의 소음과 전구의 밝은 불빛 때문에 궁녀들이 불면증을 호소했고, 발전기에서 나온 뜨거운 물이 향원정 연못으로 흘러들어 물고기가 떼죽음한 것이다. 여기다 전기 시설을 운영하는 비용도 만만치 않아 곧 건청궁은 다시 어둠에 잠겼다가 거의 6개월이 지나서야 다시 불을 밝힐 수 있었다. 당시 전구는 제 맘대로 들어왔다 나갔다 해서 '도깨비불', '건달불'이라고도 불렸단다.

건청궁 장안당

조선 최초의 전구가 불을 밝힌 이듬해에는 건청궁 뒤로 관문각이라는 서양식 건물과 시계탑이 세워졌다. 이 또한 고종의 근대화 추진 정책 중 하나였다. 하지만 몇 해 뒤 건청궁에서는 '을미사변'이라 불리는 비극적인 사건이 일어났다.

때는 고종 32년 을미년(1895) 가을 어느 날. 일제는 당시 청나라와 손을 잡고 일본을 견제하던 명성황후를 없애기로 결정, '여우사냥'이란 작전을 세운다(하, 그놈들 이름 한번 고약하게도 지었다). 그리고 사건 당일 50명가량의 일본인 자객들이 경복궁으로 침입해 파죽지세로 고종과 명성황후가 있는 건청궁까지 쳐들어왔다. 이 과정에서 세자는 칼등을 맞고 기절했고, 나인 복장으로 병풍 뒤에 숨었던 명성황후는 결국 발각돼 최후를 맞게 된다. 당시 관문각에 머물렀던 외국인들이 이 사건을 목격하고 일본의 만행을 해외에 알려 전 세계가 경악했다.

아무리 국운이 기울었다고 하지만, 어떻게 이렇게 어이없이 일국의 궁궐이 단 수십 명의 무사에게 뚫렸을까? 아무리 제국주의 날강도의 무리라지만 일제는 어떻게 일국의 국모를 시해할 생각을 했을까?

어쨌든 그날 명성황후는 시해됐고, 일본인들은 그 유해마저 불태웠다. 사건 이후 늘 죽음의 공포에 떨던 고종은 결국 다음 해 러시아공사관으로 탈출했고(아관파천) 나라의 운명은 바람 앞의 등불이 됐다. 100여 년이 지난 지금, 다시 단아한 모습으로 복원된 건청궁은 그저 말없는 침묵으로 후손들을 맞아주고 있다.

안내판 **집옥재 일원**

❶ **1876년 경복궁에 큰 불**이 나자 고종은 창덕궁으로 옮겼다가 1888년에 다시 경복궁으로 돌아와 주로 건청궁에 기거했다. 이미 창덕궁에 지어졌던 집옥재(集玉齋), 협길당(協吉堂) 등을 1891년에 건청궁 서편으로 옮겨와 자신의 ❷ **서재**와 외국 사신 접견소로 사용했다. 집옥재는 양 옆벽을 벽돌로 쌓고 내부를 ❸ **중2층**으로 만들었으며, 팔우정(八隅亭)은 팔각형의 2층 정자다. 이 건물들은 ❹ **중국풍의 요소**들이 많이 섞여 궐내에서 이국적인 지역을 형성하며, 복도를 통해 하나의 내부로 연결된다.

안내판 들여다보기

❶ 1876년 경복궁에 큰 불 고종 때 경복궁엔 유난히 화재가 잦았어. 경복궁을 다시 짓는 중간에도, 다 짓고 난 뒤에도 몇 번이나 큰 불이 났다니까. 그중에서도 1876년에 가장 피해가 심했다는구나.

❷ 서재 고종의 서재엔 책이 무려 4만 권이나 있었대! 이 정도면 '왕실 도서관'이라 부를 만하군. 여기서 외국 사신을 접견했다니 편전 역할을 했다고 볼 수도 있어.

❸ 중2층 북쪽 일부를 복층, 나머지는 단층으로 만든 구조야.

❹ 중국풍의 요소 자, 그럼 건물 가까이 가서 '중국풍' 요소들을 하나하나 찾아보자.

여긴 정말, 한눈에 보기에도 지금까지 본 전각들과 분위기가 다르다. 안내판에서는 그 이유를 '중국풍' 때문이라 했으니, 아이와 함께 그 요소들을 하나하나 찾아보자.

우선 눈에 띄는 것은 팔우정을 덮고 있는 유리창. 경복궁에서 유리창을 단 건물은 이곳이 유일하다. 단청 색깔도 다른 건물에 비해 화려한데, 그래서 이를 '비단단청'이라 부른다고. 기단이 높고 중간에 조금 돌출한 '지댓돌'을 둔 것도 경복궁에서는 집옥재밖에 없다. 건물 외부에 기둥만 돌출해 있고 실내 공간은 한 칸 뒤부터 시작하는 것도 특이하다. 직선으로 이어진 용마루 양쪽 끝에 용 모양 취두를 단 것도 중국풍이다. 정전이 아닌 전각에 답도가 있는 것도 특이한데, 게다가 봉황이 아닌 쌍룡을 새긴 건 더 특별하다. 황제를 상

팔우정(왼쪽)과 집옥재(오른쪽)

집옥재 현판

징하는 쌍룡 답도는 황궁인 경운궁(덕수궁)에만 있기 때문이다. 여기엔 아마 고종의 깊은 뜻이 담긴 건 아닐는지….

다른 건물과는 달리 중국의 전각처럼 세로로 쓰여 있는 집옥재의 현판 글씨는 중국 송나라의 명필인 미불의 글씨를 모아 붙인 거란다. 오른쪽 건물인 협길당 바닥은 온돌이었다고 하니, 왕은 집옥재를 중심으로 여름이면 정자인 팔우정에서, 겨울이면 온돌 바닥인 협길당에서 업무를 보았을 것이다.

집옥재 왼쪽에는 경복궁의 북문인 신무문이 있는데, 이 문은 바로 청와대와 통한다. 그래서 보안을 이유로 지난 수십 년간 굳게 닫혀 있었다. 그러다 지난 2006년에야 개방됐고, 지금은 신무문 바깥으로 나가 청와대를 볼 수도 있다(물론 제대로 건물 안까지 보려면

신무문에서 바라본 청와대 풍경

미리 신청을 해야 한다). 지금 청와대가 있는 지역은 원래 경복궁의 후원이었다. 그렇다. 경복궁은 지금보다 훨씬 더 컸던 것이다.

또 하나 재미있는 사실은 조선시대에도 평소 신무문은 굳게 닫혀 있었다는 점이다. 이유인즉, 경복궁 북쪽의 드센 음기가 이 문을 통해 들어오는 것을 막기 위해서였다고. 그 후 최근까지도 굳게 닫혀 있던 것을 생각해보면, 아무래도 신무문의 운명(?) 같은 것이 있기는 있었나 보다 싶다.

자, 신무문 밖으로 청와대의 파란 지붕까지 봤으면 경복궁의 가장 깊숙한 곳까지 구경한 셈이다. 다시 광화문 방향으로 발길을 돌려 몇 걸음 가다 보면 오른쪽으로 새로 지은 듯 깨끗한 건물이 보이는데, 이곳이 바로 왕실의 빈전인 태원전이다.

안내판 **태원전 일원**

왕과 왕비가 죽으면 ❶ **빈전(殯殿)**에 관을 모시고, 교외에 마련된 ❷ **산릉**에 시신과 관을 묻은 후에는 ❸ **혼전(魂殿)**에 신주를 모셔 정해진 장례 기간을 치른 후에 종묘로 ❹ **신위**를 옮겨 모시게 된다. 태원전(泰元殿)은 경복궁의 빈전으로, 문경전(文慶殿)은 혼전으로 건립됐다. 주변에 공묵재, 영사재 등 상례용 건물들도 들어서 일곽을 이루었으나, 일제강점기에 철거를 겪고 한때 청와대 경호부대가 주둔하는 등 변화를 겪었다. 2006년 이 일원의 복원 공사가 마무리돼 원래의 모습을 되찾았다.

안내판 들여다보기

❶ 빈전(殯殿) 왕이나 왕비가 세상을 떠나면 그 시신을 장례 때까지 보관하는 곳이야. 보통 사람들의 '빈소'에 해당하는 곳이지.

❷ 산릉 아직 이름이 정해지지 않은 왕릉을 가리켜. 조선시대에 왕릉을 만드는 임시 관청 이름도 '산릉도감'이었어.

❸ 혼전(魂殿) 국장을 치르고 나서 신주(죽은 사람의 이름을 적어 넣은 나뭇조각)를 모시는 곳이야. 여기서 3년 동안 모시고 난 뒤에 종묘로 옮기게 된대.

❹ 신위 신주를 모셔두는 자리를 말해.

여기는 왕실의 죽음과 관련된 곳이다. 왕과 왕비도 인간인 이상 언젠가는 죽기 마련이다. 더구나 격무에 운동 부족까지 겹치기 쉬운 조선 국왕의 평균 수명은 47세에 불과했다. 27명 중 환갑을 넘긴 왕은 다섯 명에 지나지 않았다.

"임금의 숨이 멎으면 내시가 왕의 옷을 들고 지붕으로 올라가 북쪽을 향해 '상~위~복'이라고 세 번 외쳤대. 옥체를 떠난 임금의 혼을 다시 오라 부르는 소리지. 그리고 닷새 동안 혹시라도 왕의 혼이 다시 돌아오지 않을까 기다렸어. 드디어 5일째 되는 날, 왕의 시신을 깨끗이 닦고 무려 90벌의 옷을 입히고는, 임금의 관인 '재궁(梓宮)'에 넣은 후에 빈전으로 옮기는 거야."

재궁이 빈전에서 보내는 시간은 장장 5개월. 그동안 옻칠을 계속하면서 부패를 막기 위해 얼음과 함께 습기를 잘 빨아들이는 마른

태원전

미역과 다시마를 놓아두었단다. 상주인 세자는 빈전 옆에 초막을 짓고 기거하면서 수시로 빈전에 들러 곡을 했다. 정확히 말하자면 이때 세자는 이미 즉위식을 갖고 후계 왕이 된 상태다. 선왕이 숨을 거둔 후 5일이 지나 더 이상 되살아날(?) 가능성이 없어지면 즉위식을 치르기 때문이다. 당연히 국상 중이기 때문에 즉위식은 아주 간략하고 소박하게 열린다.

왕의 장례 절차 가운데 가장 중요한 일 중 하나는 죽은 왕의 이름을 정하는 것이다. 아니, 이름이란 것이 태어나면 받는 것인데, 죽은 사람에게 무슨 이름을 주냐고? 모르는 소리. 우리가 알고 있는 '태정태세문단세…'로 이어지는 조선 왕의 이름은 모두 죽은 다음에 지어진 것이다. 그럼 살아생전에는? 물론 이름이 있기는 하지만(예를 들어 정조의 이름은 '산'이다. 성은 당연히 '이'고) 아무도 함부로 왕의 이름을 부를 수는 없었다. 얼굴을 마주할 때는 '전하' 혹은 '상감마마', 그렇지 않을 때는 '상'이라는 3인칭 극존칭으로 불릴 뿐이었다. 심지어 일상생활에서 글을 쓸 때도 임금의 이름 글자는 피해야 했다. 이를 '피휘(避諱)'라고 한다. 그래서 왕세자의 이름은 잘 쓰지 않는 자를 쓰거나 새로운 한자를 만들어서 지었다. 그것도 딱 한 글자로 말이다.

죽은 왕이 받는 이름은 두 가지다. 하나는 중국 황제가 보내주는 '시호(諡號)', 또 하나는 왕의 공덕에 따라 신하들이 논의하고 새로운 왕이 최종 결제를 하는 '묘호(廟號)'. '조'나 '종'으로 끝나는 묘호가 우리가 보통 알고 있는 왕의 이름이다.

자, 그러면 여기서 질문 하나 더. 왕의 묘호에 '조'나 '종'을 붙이는 기준은 무엇일까? 원칙은 '공'이 있는 왕에게는 '조'를, '덕'이 있으면 '종'을 붙인다는 것이다. 그런데 '덕'이야 성리학의 군주라면 당연히 갖추어야 할 기본 덕목이니 '종'이 붙은 왕이란 달리 말하면 공이 없는 왕이라고 볼 수도 있다. 아니, 그렇다면 세종대왕은? 음… 현실이 늘 원칙대로 되는 것은 아니었단다.

태원전을 둘러보고 왕의 장례 절차와 시호, 묘호까지 살펴보았으니, 이제는 다시 광화문 쪽으로 방향을 돌려야 할 때다. 이제 '아이와 함께하는 경복궁 관람단'의 일정도 막바지를 향해 달려가고 있다. 봐야 할 건물이 두 개밖에 남지 않았으니…. 하지만 이 두 건물은 다른 어떤 건물 못지않게 중요하고 아름답다. 그러니 여전히 설레는 발걸음을 경회루로 옮겨보자. 옛 건물과 연못, 나무가 어우러진 그림 같은 풍경 한 켠에 안내판이 보일 것이다.

경회루

안내판 **❶ 경회루**

왕실의 큰 연회를 베풀거나 외국 사신을 접대하던 곳으로 1867년 재건됐다. 높은 2층 누마루에 올라 서쪽으로 인왕산, 동쪽으로 궁궐의 아름다운 경관을 감상하며, 주위의 넓은 연못에서는 뱃놀이를 했다고 한다. 7x5칸, 바닥 면적 933㎡(282평)로 현존 목조 건물 가운데 가장 큰 규모다. 2층 마루는 세 겹으로 구성됐는데, 중심 세 칸은 천지인(天地人)을, 그 바깥 열두 칸은 1년 열두 달을, 가장 바깥의 스물네 기둥은 ❷ **24절기**를 의미하는 등 동양적 우주관을 건축으로 상징했다. 중건 당시에 경회루(慶會樓) 연못에 두 마리 ❸ **청동 용**을 넣었다는 기록이 있는데, 실제로 1997년 준설 공사 과정에서 발견됐다.

안내판 들여다보기

❶ 경회루 '경회(慶會)'는 '임금과 신하가 덕으로써 만난다'는 뜻이래.

❷ 24절기 태양의 움직임에 따라 1년을 24로 나눈 날들이야. 절기에 따라 계절의 변화를 알 수 있어서 농사짓는 데 도움이 됐지. '입춘', '우수', '경칩' 같은 한자 이름이 좀 어려워 보이는데, 뜻은 '봄이 오는 날', '첫 봄비 오는 날', '개구리 깨어나는 날'처럼 간단해.

❸ 청동 용 이건 경회루 옆에 드므를 만든 이유랑 같아. 불을 막기 위해서지.

경회루 잡상

안내판을 가볍게 읽어준 뒤에는 아이에게 경회루 추녀마루 위에 있는 잡상의 수를 세어보게 하자(추녀마루와 잡상이 뭔지 헷갈린다면 p.254 참조). 모두 몇 개? 열한 개. 오호, 정말 많군. 경복궁에서 제일 큰 건물인 근정전의 잡상이 일곱 개고, 보통 궁궐의 건물에는 세 개나 다섯 개의 잡상이 있으니 경회루에 잡상이 얼마나 많은지 알겠다. 그도 그럴 것이 경회루는 조선시대의 건물을 통틀어서도 가장 많은 수의 잡상을 자랑하는 건물이다. 그래서인지 경회루에는 이 잡상의 수만큼이나 많은 이야기가 깃들어 전해진다.

이야기 하나. 구경도 잘 하고 출세도 하고

"때는 경회루를 만든 태종의 뒤를 이은 세종 시절. 이 당시만 해도 경회루는 연못을 둘러싼 담에 가려져, 그 아름다운 모습을 아무나 볼 수 없었대. 그런데 하루는 숙직을 서던 정9품(18등급 벼슬 중 밑에서 두 번째) 구종직이란 사람이 경회루의 아름다운 모습을 보고 싶어 몰래 들어갔다는 거야. 그런데 마침 경회루를 거닐고 있던 세종대왕과 딱 마주쳤다지 뭐냐. 이젠 죽었구나 생각하고 있는데 이게 웬걸, 세종은 다짜고짜 노래를 시키더래. 그러더니 경전을 외워보라며 즉석 시험까지 쳤다는구나. 그런데 다행히 구종직은 노래도 경전 암기도 모두 잘 해냈고, 다음 날 종5품으로 벼락출세를 했다지 뭐야."

이야기 둘. 수양대군의 '쇼, 쇼, 쇼'

"세종의 손자인 열세 살 단종은 삼촌인 수양대군에게 왕위를 빼앗겼는데, 바로 여기 경회루에서 옥새를 넘겼다는구나. 그런데

하향정

단종이 옥새를 넘기려고 하자 수양대군은 눈물을 흘리면서 극구 사양을 했단다. 정말로 왕이 될 생각이 없었느냐고? 그럴 리가…. 그때 마침 옥새를 전달하던 승지(왕의 비서) 성삼문이 옥새를 껴안고 울음을 터뜨리자 수양대군은 울다 말고 무서운 눈으로 그 모습을 노려보았다지 뭐냐. 결국 수양대군은 세조가 되고, 단종은 폐위됐다가 죽고 말았지."

이야기 셋. '홍청망청' 망하다?

"사실 역사상 경회루를 가장 잘 활용한(?) 왕은 연산군일 거야. 국가 행사 때만 이곳을 즐기는 것으로는 성이 안 차 아예 '홍청'이라는 기생 조직(!)을 만들어 시도 때도 없이 경회루 연못에 배를 띄우고 놀았다는구나. 홍청은 그 수가 수백 명에 이르렀는데, 이들에게는 노비뿐 아니라 당시 사치품이었던 놋요강까지 지급했대. 그래서 '더러운 것을 깨끗하게 한다'는 뜻의 홍청은 '홍청망청 놀고 마시다'의 홍청이 돼버렸지. 연산군도 홍청망청 먹고 놀다가 왕위에서 쫓겨났고 말이지."

이야기 넷. 이승만 대통령의 놀이터, 하향정

"연산군만 경회루에서 잘 논 건 아니었어. 대한민국 초대 대통령 이승만도 경회루를 놀이 공간으로 이용했다고 해. 물론 연산군과는 달리 연못가에 '하향정'이란 이름의 자그마한 정자를 지어놓고 낚시를 즐겼어. 한국전쟁이 일어난 1950년 6월 25일 일요일 아침에도 이승만 대통령은 이곳에서 낚시 중이었다고 해. 하향정은 마치 조선시대 정자인 양 지금도 경회루 연못 한 귀퉁이를 차지하고 있지."

안내판 **수정전과 ❶ 궐내각사**

왕실과 밀접하게 관련 있는 관청을 궁궐 안에 설치해 궐내각사(闕內各司)라 불렀다. 비서실인 승정원, 서적 편찬을 맡았던 홍문관, 의료 기관인 내의원 등 크고 작은 관청들이 근정전 서쪽에 있었다. 세종 때 한글 창제의 무대가 된 ❷ **집현전은 지금의 수정전(修政殿) 자리**에 있었다. 1867년 중건된 이곳은 ❸ **왕의 출입이 빈번**해 관청으로는 드물게 정면에 월대를 두었다. 수정전은 일상 집무 공간으로 사용하다가 1894년 ❹ **갑오개혁** 때 내각 본부로 사용하기도 했다.

안내판 들여다보기

❶ 궐내각사 궐내각사가 있다면, 궐외각사도 있었겠지? 광화문 바깥 육조 거리(지금의 광화문 광장)에 주로 모여 있던 관청들을 궐외각사라고 했어.

❷ 집현전은 지금의 수정전(修政殿) 자리 세종 때의 집현전은 세조 때 예문관으로 이름을 바꾸고 왕의 명령을 정리하는 일을 했대. 어린 조카인 단종을 쫓아내고 왕이 된 세조가 이를 반대하던 집현전 학자들과 함께 집현전도 없애버린 거지. 이후 임진왜란 때 불탄 것을 고종 때 재건하면서 '수정전'이 된 거야.

❸ 왕의 출입이 빈번 고종임금은 처음에 이곳을 침전으로 쓰셨다

는군.

④ 갑오개혁 갑오개혁은 갑오년(1894)에 이루어진 여러 가지 개혁 조치를 말해.

자, 드디어 경복궁 유람의 마지막 관문, 수정전이다. 세종대왕의 황금시대를 이끈 수많은 책들이 바로 이 자리에 있던 집현전에서 탄생했다. 지금은 수정전 건물만 덩그러니 남아 있지만, 예전에는 집현전뿐 아니라 수많은 관청들이 궐내각사 영역에 빽빽이 모여 있었다고 한다. 그런데 지금은 관리들이 업무에 몰두했던 건물 터에 푸른 잔디만 남아 있다. 원래 조선의 궁궐에는 잔디가 깔린 곳이 없었다. 왜냐하면 잔디는 무덤에 까는 풀이었기 때문이다! 지금의 잔디는 일제가 깔아놓은 것을 충실히(?) 이어오고 있는 셈이다. 나랏일에 바삐 움직였을 건물 대신 무덤 위에나 까는 잔디라…. 왠지 씁쓸하다.

세종 대의 집현전은 당대 최고의 두뇌들이 모인 곳이었다. 이들 중 절반 이상이 과거 시험에서 다섯 손가락 안에 들었을 정도. 그들에게 더해진 세종의 지원은 말 그대로 물심양면, 전폭적인 것이었다. 이를 알 수 있는 일화를 얘기해주자.

"어느 날 늦은 밤, 세종대왕께서 궁궐 안을 산책하시다가 집현전에 불이 켜져 있는 것을 보았대. 그래서 들어가 보니 신숙주라는 학자가 책을 보다 그대로 엎드려 잠들어 있는 거야. 그걸 보신 세종대

수정전

왕은 당신이 입고 있던 곤룡포(임금의 옷을 곤룡포라고 해)를 벗어서 덮어주셨대. 음… 정말 멋지지 않니?"

밤늦게까지 공부하라는 무언의 압력(?)으로 받아들여 별 감흥을 받지 않을 수도 있겠다. 하여간 세종의 집현전은 세조 때 폐지되고, 성종 때 홍문관이 됐다가, 고종 때 수정전으로 다시 태어났다. 원래 고종은 여기서 머물며 사람들도 만나고 휴식도 취했는데, 그러다 고종이 건청궁을 지어 옮기면서 이곳에는 갑오개혁을 주도한 관청인 군국기무처가 들어서게 됐다.

"고종은 갑오개혁을 통해 지금까지 써왔던 청나라 연호를 폐지하는 등 청나라의 영향력에서 벗어나려 했어. 그리고 고려시대부터 이어진 과거제도를 폐지하고, 양반·상놈의 신분제를 없애고, 노비를 해방했지. 이렇듯 갑오개혁은 수백 년 이어지던 조선 사회를 근본부터 뜯어고치는 일이었단다."

하지만 갑오개혁도 일제의 조선 침탈을 막을 수는 없었다. 일제강점기에 수정전은 여러 차례 전시회 장소가 되면서 본래 모습이 훼손됐고, 최근에야 가까스로 제 모습을 찾을 수 있었다.

광화문에서 시작한 경복궁 여행이 수정전을 끝으로 마무리됐다. 수정전 앞에는 경복궁에 하나뿐인 카페가 손님을 맞이하고 있다. 궁궐에 카페가 있다는 것이 조금 어색한 듯도 하지만, 시원한 음료 한잔 마시며 쉬어가기 좋다. 아이와 함께 쉬면서 경복궁 안내도를 펼쳐놓고 오늘 살펴본 전각들에 대한 이야기를 나누는 것도 좋을 듯하다.

바쁘다 바빠, 조선 국왕의 하루

조선의 지존, 국왕은 하루를 어떻게 살았을까? 가장 힘 있는 사람이니 뭐든 자기 마음대로, 일어나고 싶을 때 일어나서 하고 싶은 일 하다 자고 싶을 때 잠자리에 들었을 거라고? 불행히도(?) 그렇지 않았다. 새벽부터 밤늦도록 왕은 격무에 시달렸고, 그래서인지 조선 국왕 27명의 평균 수명은 47세에 불과하다. 그러면 구체적으로 왕의 하루 일과를 살펴볼까?

왕의 하루는 조선의 통금 해제 종소리인 '파루'와 함께 시작된다. 이때가 대충 새벽 4~5시 사이. 일어나면 보통 간단한 죽으로 요기를 하고 웃어른께 문안 인사를 드렸다. '효'는 조선 사회를 유지하는 근본 질서였고, 이것은 왕 또한 예외가 아니었기 때문이다. 이때 먹는 죽은 그 종류가 다양해 우유와 불린 쌀을 함께 끓여내는 타락죽부터 녹두를 갈아 넣은 녹두죽, 율무죽, 부추죽, 흑임자죽 등 수십 종류가 있었단다.

국왕의 공식 일과는 경연과 함께 시작된다. 경연이란 임금과 신하가 함께 유학(儒學)을 공부하는 것이다. 유교 국가인 조선에서 왕의 독주를 막고, 유학의 이념에 따른 통치를 이루기 위해 경연은 꼭 필요한 제도였다. 그래서 매일 아침, 점심, 저녁으로 세 번이나 실시했다고. 물론 경연 시간에 유학 공부만 한 것은 아니었다. 어차피 임금과 신하가 함께하는 시간이니 공부와 함께 중요한 국정 논의도 같이 이루어졌다.

아침 경연(조강)이 끝나면 수라상을 받아 속을 든든히 채운 뒤에 본격적인 업무에 들어간다. 대신들과의 아침 조회, 행정부서들이 돌아가면서 하는 업무 보고, 신하들 접견 등을 마치고 나면 어느새 점심시간이다. 간단히 '낮것'을 먹고 난 오후에는 지방으로 부임하거나 지방에서 올라온 신하들과 면담을 하고, 4시 무렵에는 궁궐의 야간 숙직자를 확인한 후 암호를 정해준다.

저녁 수라 뒤에는 다시 궁궐의 웃어른께 문안을 드리고, 전국에서 올라온 상소문을 읽거나 독서를 하다가 자정이 다 돼 잠자리에 드는 것이다. 언뜻 봐도 공부와 업무, 다시 공부와 업무의 연속. 물론 매일이 이런 틀에 박힌 일상이었던 것은 아니다. 한가한 오후 시간이면 활쏘기나 격구(말을 타고 하는 공놀이), 사냥을 즐기기도 했고, 가끔은 잔치를 열어 신하들과 함께 군신 간의 우의를 다지기도 했다.

하지만 이렇게 빡빡한 일정도 세종이나 성종, 정조 같은 임금이나 빠짐없이 지켰다. 연산군 같은 임금은 유학 공부 따위는 없애버리고, 정말 자기가 하고 싶은 일만 하면서 왕 노릇을 했다. 그래서 결국 왕의 자리에서 쫓겨난 것이다.

그러면 왕도 사람인데 휴가는 없었을까? 불행히도 왕에게 공식적인 휴가는 없었다. 명절이나 고위 관리가 죽었을 때 며칠 동안 쉬는 것이 고작이었다고 한다. 이렇듯 과로에 시달린 조선의 왕은 각종 질병에 시달리다 이른 나이에 죽었으니, 조선의 국왕으로 태어난 것을 꼭 행운으로만 볼 수는 없을 것 같다.

다시는 왕비로 태어나지 않게 하소서

조선 국왕의 일과가 만만치 않은 강행군의 연속이었다면, 구중궁궐에서 국모의 역할을 담당했던 왕비의 일상은 어땠을까? 결론부터 말하자면 국왕만큼이나, 아니 어떤 점에선 국왕보다 훨씬 더 힘들고 고단한 삶을 살았다. 그나마 국왕이야 선왕의 묘를 찾아가는 능행(陵幸)이다, 병 치료차 가는 온행(溫幸)이다 하는 것을 통해 바깥바람을 쐬었지만, 그마저 여의치 않은 왕비에게 궁궐은 감옥이나 다름없었다. 더욱이 잘못해서 정치적 격랑에라도 휩쓸리면 자기 목숨을 잃는 것은 물론이고 가문까지 풍비박산 나기 일쑤였다. 오죽했으면 광해군의 왕비인 류씨는 평소 궁중에 불상을 모셔놓고 '다음 생에는 왕가의 여자로 태어나지 않게 해달라'고 빌었을까.

보통 왕비는 '간택'을 통해 왕비 혹은 세자빈으로 궁궐 생활을 시작한다. 왕과 왕세자의 혼인이 결정되면 우선 전국에 '금혼령'이 선포된다. 그리고 왕비·세자빈의 후보자를 물색하는데, 일단 서류 심사(?)를 통해 걸러진 후보자를 대상으로 '초간택'이 이루어진다. 평상복 차림의 처자들이 입궁하면 왕을 비롯한 왕족들이 먼발치에서 보고, 경험 많은 상궁들이 심사를 맡는다.

여기서 5~7명의 후보자를 걸러 다시 선을 보는 것이 '재간택'이다. 그리고 다시 세 명의 최종 후보를 놓고 마지막 관문인 '삼간택'을 치른다. 이렇게 엄격한 절차를 거치고 시작된 궁궐 생활은 스트레스의 연속이라 해도 과언이 아니었다.

만약 세자빈으로 출발했다면 남편이 왕위에 오르는 것을 노심초사 걱정해야 했다. 이미 세자가 됐는데 임금이 되는 것은 자연스러운 일이 아니냐고? 그게 그렇지 않았다. 27명의 조선 국왕 중에서 적장자 출신 세자가 왕위에 오른 것은 단 일곱 명뿐. 세자로 책봉됐다 하더라도 죽거나 쫓겨나 왕위에 오르지 못하는 경우가 흔했다. 어렵게 왕비 자리에 오른다 해도 편한 것은 아니었다. 왕비의 가장 큰 스트레스는 왕자를 낳는 것이었다.

결혼해서 아이를 낳는 것이 무슨 큰일이냐고? 그게 왕비의 경우에는 그렇지가 않다. 우선 국왕과의 공식 합궁 날짜가 너무 적었다. 삼재가 끼거나 바람이 세게 불어도 불길하다 빼니, 겨우 한 달에 하루 이틀이었기 때문이다. 그래서인지 왕비는 후궁에 비해 생산성(?)이 매우 낮았다. 어렵사리 왕자를 얻었다 해도 당시의 높은 유아 사망률 때문에 마음을 놓을 수가 없었고, 다행히 건강하게 잘 자라 세자로 책봉이 됐다 하더라도 왕이 되기까지는 또 다른 관문들이 줄줄이 기다리고 있었다.

이렇게 왕비가 되고 아들을 낳아 왕의 어머니로 대우를 받거나 심지어 수렴청정으로 권력까지 잡은 경우는 드물기만 하다. 하긴, 그렇게 권력의 정점에 선다 하더라도 그리 행복한 삶은 아니었던 것 같다. 조선 말 권력을 쥐락펴락했던 명성황후조차도 평소 "내 죽으면 사대문 안을 돌아보지 않으리라"고 했다니 말이다.

2장

창덕궁

구중궁궐, 비밀의 아름다움

- 관람 시간 전각 09:00~18:00(2~5월, 9~10월), 09:00~18:30(6~8월), 09:00~17:30(11~1월) 후원 10:00, 11:00, 12:00, 13:00, 14:00, 15:00(3~5월, 9~10월은 16:00 추가, 6~8월은 16:00, 16:30 추가), 매주 월요일 휴궁
- 해설 시간 전각 09:30, 11:30, 13:30, 15:30(3~10월은 16:30 추가)
- 관람료 전각 어른(만 25~64세) 3,000원, 어린이·청소년·노인 무료 전각+후원 어른(만 25~64세) 8,000원, 어린이(만 7~18세) 2,500원, 청소년(만 19~24세)·노인(만 65세 이상) 5,000원

서울에 있는, 아니 대한민국에 있는 조선 궁궐은 모두 다섯 개다. 그중 유네스코 세계문화유산에 등재된 유일한 궁궐이 바로 창덕궁이다. 위풍당당한 모습의 돈화문에서 비밀스러운 아름다움을 간직한 후원에 이르기까지 '자연과 조화를 이룬 가장 한국적인 아름다움을 지녔다'는 것이 유네스코 세계문화유산 등재의 이유다.

창덕궁, 알고 가면 좋은 이야기 셋

조선 임금들이 가장 오래 머문 궁은 어디?

'조선 제일의 법궁'이 경복궁이라는 것은 자타가 공인하는 사실. 하지만 조선 역사를 통틀어 가장 오랫동안 법궁의 역할을 한 곳은 경복궁이 아니라 창덕궁이었다. 조선의 두 번째 궁궐인 창덕궁이 세워진 것은 태종 5년(1405). 이때부터 조선은 법궁(공식 궁궐)과 이궁(예비 궁궐)의 양궐 체제를 갖추기 시작한다.

하지만 임진왜란의 참화 속에서 법궁과 이궁은 모두 불에 타버렸다. 피난에서 돌아온 선조와 광해군은 경복궁을 그대로 놓아둔 채 창덕궁을 복구해서 법궁으로 삼고, 새로이 경희궁을 세워 이궁으로 삼았다. 경복궁의 규모가 더 커서 어려운 나라 살림에 감당하기 힘들고, 또한 풍수적으로 경복궁이 불길하다는 것이 그 이유였다. 이때부터 시작된 창덕궁 법궁 시대는 흥선대원군이 경복궁을 중건하기 전까지 약 270년 동안 이어진다.

사실 조선 초기부터 국왕들은 경복궁보다는 창덕궁에 머무는 걸 선호했다. 이는 경복궁에서 '왕자의 난'이라는 골육상잔의 비극이 있었다는 사실과 관계가 깊다. 왕자의 난을 통해 권좌에 오른 후 창덕궁을 새로 지은 태종뿐 아니라, 그 뒤를 이은 많은 국왕들도 비극의 현장인 경복궁보다는 창덕궁에 머물렀다. 창덕궁에 더 크고 아름다운 후원이 있다는 점도 작용했을 것이다.

유네스코 세계문화유산에 오른 유일한 궁궐

강화 고인돌에서 조선의 서원까지 유네스코 세계문화유산에 등재된 대한민국의 문화유산은 모두 14곳. 조선시대 궁궐 중에서는 창덕궁이 유일하다. 이것은 창덕궁이 조선 궁궐의 '대표 선수'로 인정받은 것이라 할 수 있다. 유네스코 세계문화유산 홈페이지를 보면 "자연 지형을 이용해 건물을 세운 까닭에 궁궐 건축의 전형적인 격식에서 벗어나 주변 환경과 뛰어난 조화를 이루는 특색을 지녔다"라고 창덕궁을 선정한 이유를 설명한다. 그러니 창덕궁까지 왔다가 후원 관람을 빼먹는 것은 수박을 겉만 핥는 것이나 다름없다. 실제로 후원은 창덕궁 입장료(3,000원)보다 훨씬 더 비싼 요금(5,000원)을 따로 받고, 자유 관람 대신 시간을 맞춰 문화해설사와 함께 다녀야 하기 때문에 후원 관람을 건너뛰는 사람들이 있다. 하지만 기억하자. 후원 없는 창덕궁 관람은 수박 겉핥기에 불과하다는 사실을!

창덕궁이야, 비원(秘苑)이야?

요즘이야 그런 일이 별로 없지만, 예전에 창덕궁은 '비원'으로 더 많이 불렸다. '창덕궁을 관람했다'는 사람보다 '비원을 구경했다'고 말하는 사람이 훨씬 많았던 것이다. 비원이 자유 관람은 안 되고 안내원을 따라 단체 관람만 가능한 것은 이름처럼 뭔가 비밀스러운(?) 공간이 많아서라고 말하는 사람도 있었다.

궁궐 속 '비밀의 정원'이라, 뭔가 낭만적인 상상력을 자극하는 듯하지만, 사실 여기에는 일제강점기 우리의 슬픈 역사가 담겨 있다. 정확히 이야기하면 비원이란 창덕궁 북쪽 뒤편의 숲을 가리키는 말이다. 하지만 조선시대에는 이곳을 비원이라 부르지 않았다. 대신 '후원', '북원', '금원' 등으로 불렀다. 궁궐 뒤에 있어서 후원이요, 북쪽에 있으니 북원, 보통 사람의 출입이 금지돼서 금원이었던 것이다. 옛 기록을 보면 이중에서도 후원이란 이름이 가장 빈번하게 사용됐다. '비원'이란 고종 때 만든 창덕궁 후원 관리 부서의 이름이었다. 하지만 이때만 해도 비원은 관청의 이름일 뿐, 창덕궁 후원은 여전히 후원이었다.

창덕궁 후원이 비원으로 불리기 시작한 것은 일제가 국정을 좌우하기 시작한 순종 때부터다. 일제는 이곳을 '비밀 정원'이라 부르면서 이토 히로부미를 비롯한 당시 실력자들의 연회 장소로 이용했다. 나중에는 일반 관리뿐 아니라 보통 사람들도 불러들여 궁궐 정원을 놀이터 삼아 놀게 했다. 여기에는 조선 왕실의 권위를 무너뜨려 식민 통치를 용이하게 하기 위한 일제의 치밀한 계산(!)이 깔려 있었다. 이는 창경궁을 '창경원'으로 만들어 사람들의 놀이터로 삼아버린 것과 같은 행위였다.

광복이 되고도 사정은 별로 달라지지 않았다. 시골 사람들의 서울 구경에는 '창경원 동물원과 비원'이 단골 코스였다. 그러다 1990년대 궁궐 복원을 시작하면서 겨우 제 이름을 찾게 된 것이다. 그러니 아이에게는 제대로 가르쳐주자. '창덕궁'과 '창덕궁 후원'의 아름다움을.

'왕자의 난'과 창덕궁

'왕자의 난'이란 태조 이성계의 다섯째 아들 방원이 쿠데타를 일으켜 형제들을 죽이고 왕위에 오른 사건이다. 왕자의 난은 두 차례에 걸쳐 일어나는데, 1차에서는 이복동생이자 세자인 방석을 죽였고, 2차에서는 동복형 방간을 전투 끝에 생포, 유배 보냈다. 이후 왕위에 오른 태종은 왕자의 난을 일으킨 현장인 경복궁 대신에 창덕궁을 짓고 주로 그곳에서 지냈다. 살아 생전 강력한 권력을 휘둘렀던 태종은 왕릉 또한 웅장한 규모를 자랑한다.

태종이 묻힌 헌릉

창덕궁 옛 모습

1900년대 초에 제작된 〈동궐도형〉의 창덕궁 모습. 지금보다 훨씬 더 많은 건물이 보인다. 원래 후원은 동궐(창덕궁과 창경궁)에서 함께 사용했다.

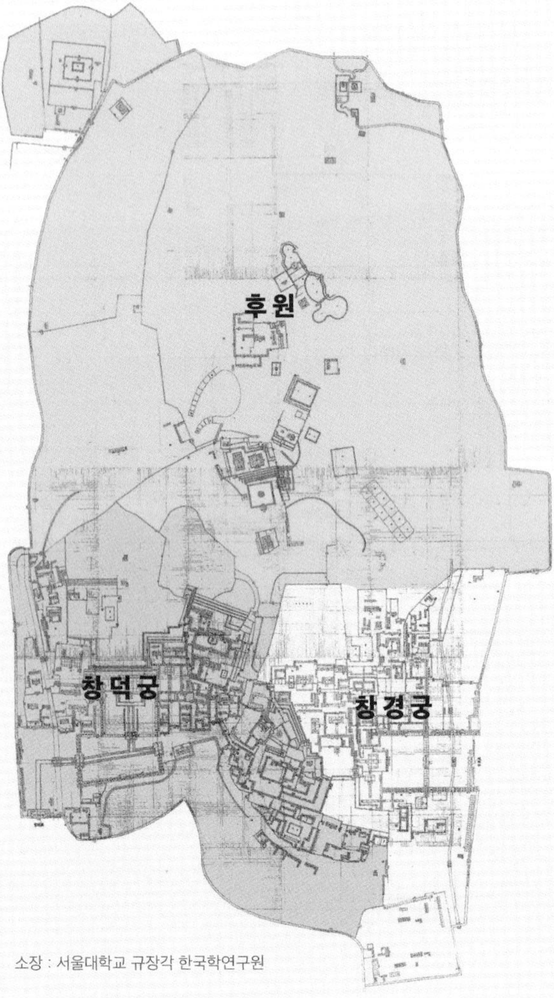

소장 : 서울대학교 규장각 한국학연구원

창덕궁 현재 모습

창덕궁은 그나마 일제에 의한 궁궐 훼손이 덜한 편이다. 그래도 옛 모습과 비교하면 차이가 크다. 창덕궁 관람은 '궁궐 전각 관람'과 '후원 관람'으로 나뉜다. 전자는 자유 관람, 후자는 문화해설사와 함께 하는 시간제 관람이다.

아름다운
세계문화유산

창덕궁
걷기

미리 알면 좋은 이야기도 보았고, 지도를 보며 동선도 짰다면 이제는 아이 손을 잡고 창덕궁을 걸어볼 시간. 국내 유일의 유네스코 세계문화유산 궁궐답게 우리나라뿐 아니라 전 세계 관광객들의 발걸음이 끊이지 않으니, 되도록 휴일을 피해, 가능하면 문 여는 시간에 맞춰 방문하는 것이 여유로운 관람을 위한 길이다.

아름답지 않은 궁궐이 어디 있겠느냐마는, 그중에서도 창덕궁은 유네스코가 인정한 우리나라의 대표 궁궐이다. 특히 '주변 자연 환경과의 완벽한 조화와 배치가 탁월하다'고 하니, 아이와 함께 역사 공부도 좋지만, 이번에는 궁궐의 아름다움을 즐긴다 생각하고 더 여유롭게 발걸음을 옮겨보도록 하자.

추천 코스에서도 설명했듯 창덕궁을 보는 방식은 두 가지, 궁궐 전각 관람과 후원 관람으로 나뉜다. 문화해설사를 따라 움직여야 하는 후원 관람을 위해서는 어차피 궁궐 전각 관람권을 사서 창덕궁 안으로 들어가야 한다. 궁궐 전각 관람에 한 시간, 후원 관람에 두 시간쯤 걸리니 적어도 문 닫기 세 시간 전에는 입장하는 것이 좋다. 혹 '시간이 너무 오래 걸리니 후원 관람은 뺄까? 입장권도 비싸고 말이야' 하는 분이 있다면 다시 생각해보길. '후원 없는 창덕궁'은 '앙꼬 없는 찐빵'이기 때문이다.

자, 그러면 정문인 돈화문 안쪽에 있는 창덕궁 안내판부터 읽어보자.

안내판 **창덕궁**

조선조의 3대 임금인 태종은 1405년에 제2의 왕궁으로 창덕궁을 창건했다. 그럼으로써 수도 한양의 ❶ **서쪽에는 경복궁이, 동쪽에는 창덕궁이 위치**해 균형 잡힌 도시 공간을 구성할 수 있었다. 임진왜란으로 서울의 모든 궁궐이 불탄 후 경복궁은 재건되지 않았고, 270여 년 동안 창덕궁이 조선 왕조 제1의 ❷ **정궁**으로 역할 했으며, 마지막 임금인 순종 때까지 사용된 최후의 궁궐이기도 하다. 동쪽의 창경궁과 함께 하나의 궁궐로 사용돼 ❸ **동궐(東闕)**이란 별칭을 갖고 있다. 중국을 비롯한 ❹ **동양의 궁궐 예제는 남북 중심축을 따라 엄격하게 배치되는 것이 일반적**이며 경복궁 역시 이 제도를 따랐다. 그러나 산자락에 자리 잡은 창덕궁은 ❺ **인위적인 제도를 벗어나 주변 자연 지형에 순응하고 변화를 거듭하면서 가장 한국적인 궁궐이 됐다**. 왕실 생활에 편리하면서도 친근감을 주는 공간 구성은 경희궁, 덕수궁 등 다른 궁궐 구성에 영향을 주었다. 1917년에 대조전을 비롯한 내전들이 불타 없어지자 경복궁의 전각들을 헐어다 옮겨 짓는 등 많은 건물들이 변형, 훼손, 철거됐다가, 1991년부터 복원 사업을 진행하고 있다. 그럼에도 불구하고 창덕궁은 조선 궁궐의 원형을 비교적 충실히 지니고 있으며, 동궐의 후원은 한국 전통 조경의 특성과 아름다움을 가장 훌륭하게 구현한 예로 평가된다. ❻ **1997년 12월 유네스코(UNESCO)에 세계문화유산으로 등재됐다**.

안내판 들여다보기

❶ 서쪽에는 경복궁이, 동쪽에는 창덕궁이 위치 이것으로 조선에선 임금이 머무는 법궁과 만일의 사태를 대비한 이궁이 한 쌍을 이루는 양궐 체제가 성립하게 됐지.

❷ 정궁 정궁은 법궁과 같은 말이야.

❸ 동궐(東闕) 동궐은 한양의 동쪽에 있다고 해서 붙은 이름이야. 왜 두 개의 궁궐을 하나처럼 이용했는지는 나중에 창경궁을 보면서 자세히 설명해줄게.

❹ 동양의 궁궐 예제는 남북 중심축을 따라 엄격하게 배치되는 것이 일반적 그래서 경복궁은 광화문과 흥례문, 근정문뿐 아니라 근정전, 사정전, 강녕전, 교태전 등 주요 전각들이 남북 중심축을 따라 일직선을 이루고 있어.

❺ 인위적인 제도를 벗어나 주변 자연 지형에 순응하고 변화를 거듭하면서 가장 한국적인 궁궐이 됐다. 예컨대 돈화문을 들어가 오른쪽으로 꺾인 곳에 진선문이 있고, 다시 왼쪽으로 꺾어야 정전인 인정전을 만날 수 있지. 하지만 뭐니 뭐니 해도 자연과 가장 완벽한 조화를 보여주는 곳은 창덕궁의 후원이야.

❻ 1997년 12월 유네스코(UNESCO)에 세계문화유산으로 등재됐다. 지금 남아 있는 조선의 다섯 궁궐 중에서 유네스코 세계문화유산으로 등재된 곳은 창덕궁이 유일해. 그만큼 우리나라 궁궐을 대표하는 아름다움을 간직했다는 얘기지.

방금 지나온 돈화문에 대한 퀴즈 하나. 돈화문에는 모두 몇 개의 문이 있을까? 세어보면 되지 않느냐고? 언뜻 보이는 것과 실제 문의 수가 다른 것이 함정이다. 다른 궁궐의 정문은 국왕 전용 가운데 문(어문), 신하용 좌우 협문까지 모두 세 개의 문이 있다. 세 개의 문을 내기 위해서는 기둥이 네 개 필요한데, 돈화문의 기둥은 여섯

돈화문과 월대

개. 그렇다면 문은 모두 다섯 개여야 한다. 얼핏 그리 보이기도 하지만, 자세히 보면 돈화문의 출입문도 다른 궁궐처럼 세 개다. 양쪽 끝에 문처럼 보이는 게 사실은 나무 벽이기 때문이다. 조선의 왕은 중국 황제를 섬기는 제후였던 탓이다. 주나라 때 지어져 이후 동아시아 유교 국가들의 금과옥조가 된 《주례》에 따르면 천자가 있는 황궁의 문은 다섯 개, 제후의 문은 세 개여야 한단다.

다음으로 봐야 할 것은 문 앞에 넓게 뻗은 월대다. 월대란 건물 앞에 설치한 돌 기단으로, 그 위에서 행사를 치르는 의례용 시설이다. 보통 궁궐의 중심 건물인 정전이나 왕과 왕비 등이 거주하는 내전 등 중요 건물에 만든다. 원래 궁궐의 정문에도 월대가 있었는데, 일제강점기를 거치면서 모두 사라졌다가 돈화문의 것만 유일하게 복원됐다. 궁궐의 정문은 국왕이 백성에게 보이는 장소이기에 길고 넓은 월대를 두어 위엄을 높였다. 그런데 일제가 자동차가 다니기 불편하다는 이유로 월대를 없애면서 돈화문의 위엄까지 없애버린 셈이다(사실은 후자가 진짜 목적이었는지도 모른다). 다행히 지금은 복원돼 당당한 아름다움을 되찾았다. 자, 이제 돈화문 안내판을 읽어볼까?

안내판 **돈화문 일원**

돈화문은 창덕궁의 정문으로, 2층 목조 건물이다. 왕이 행사를 하거나 국가 행사를 치를 때 드나든 문이고, 신하들은 ❶ **서편의 금호문(金虎門)**으로 드나들었다. 남쪽에 ❷ **종묘**가 이미 자리를 잡고 있었기 때문에 돈화문은 궁궐의 남서쪽 끝에 세워졌다. 궁궐의 중심부가 동쪽에 있기 때문에 돈화문을 들어서면 동쪽으로 금천교를 건너 정전인 인정전 구역과 연결된다. ❸ **1609년에 다시 세운 돈화문**의 아래층은 출입용, 위층은 감시 전망용으로 사용됐다. 돈화문 앞에는 넓은 월대가 있고, 여기서부터 종로까지 ❹ **관청 거리**가 있었다.

안내판 들여다보기

❶ 서편의 금호문(金虎門) '음양오행에서 서쪽과 쇠[金], 호랑이[虎]는 한 그룹을 이룬다'고 했던 것, 기억나(자세한 내용은 p.031 참조)? 그래서 서쪽 문을 금호문이라고 한 거야. 보통 신하들은 금호문으로 다녔고, 아주 높은 대신들만 돈화문으로 다닐 수 있었대. 물론 그때도 가운데 어문 대신 양쪽 협문을 이용했지.

❷ 종묘 종묘는 역대 왕들의 신주를 모시는 왕실의 사당이야. 조상을 하늘처럼 섬기는 유교의 나라 조선에선 궁궐보다 더 중요한 곳이었기에 경복궁과 같은 해에 함께 지었어.

❸ 1609년에 다시 세운 돈화문 이때부터 지금까지 제자리를 지키고 있는 돈화문은 궁궐 정문 중 가장 오래된 건물이야.

❹ 관청 거리 대궐 바깥의 관청을 '궐외각사'라고 해. 돈화문 앞에도 광화문 앞 육조 거리처럼 궐외각사들이 있었던 거야.

돈화문 안내판 옆에는 범상치 않은 분위기의 회화나무 세 그루가 나란히 서 있다. 회화나무는 거침없이 뻗어가는 가지의 모양이 선비의 기개를 닮았다 해서 학자나무 혹은 괴목이라고 한다. 궁궐 문 안에 회화나무 세 그루를 심는 풍습은 중국 주나라에서 시작됐다고 하는데, 그 아래서 삼공(가장 높은 신하 셋)이 나랏일을 의논했단다. 그래서인지 돈화문 뒤 세 그루 회화나무의 별명은 '삼정승나무'다. 임진왜란 뒤 창덕궁을 다시 지으면서 심은 것으로 모두 천연기념물로 지정됐다.

삼정승나무와 금천교

삼정승나무 맞은편 금천교는 창덕궁, 아니 모든 궁궐을 통틀어 가장 오래된 구조물이라고 한다. 창덕궁을 처음 지을 때, 무려 1411년의 모습 그대로 남아 있는 것이다(이보다 먼저 만들어진 경복궁 금천교는 일제가 조선물산공진회를 하면서 철거한 걸 나중에 복원했다). 지형을 살려 직각으로 꺾이게 만든 금천교를 지나면 왼쪽으로 또 하나의 안내판이 보인다.

안내판 **궐내각사**

왕실과 직접 관련이 있는 여러 관청들이 궁궐 안에 설치됐고, 이를 ❶ **궐내각사(闕內各司)**라 부른다. 그 가운데 정치를 보좌하는 ❷ **홍문관(弘文館, 玉堂)**, 건강을 보살피는 내의원(內醫院, 藥房), 정신문화를 담당하는 규장각(奎章閣, 內閣), 왕의 칙령과 교서를 보관하는 예문관(藝文館) 등이 중심 시설이었다. ❸ **대부분의 건물이 일제강점기를 거치면서 소멸됐다가 2005년에 복원**됐다. 가운데로 흐르는 금천을 경계와 경관 요소로 삼았고, 여러 관청들이 밀집되면서 미로와 같이 복잡하게 구성됐다.

안내판 들여다보기

❶ 궐내각사(闕內各司) 대궐 안의 관청은 궐내각사, 대궐 밖은 궐외각사. 간단하지?

❷ 홍문관(弘文館, 玉堂) 한자 이름 옆에 있는 두 글자의 또 다른 한

자는 각 부서의 별칭이야. 홍문관은 옥당, 내의원은 약방, 규장각은 내각으로 불렸지.

③ 대부분의 건물이 일제강점기를 거치면서 소멸됐다가 2005년에 복원 궁궐마다 있던 궐내각사는 모두 사라졌는데, 일부나마 복원된 곳은 창덕궁이 유일해. 그러니 같이 한번 살펴볼까?

안내판 옆문으로 들어가면 '옥당(玉堂)'이라는 현판을 단 건물이 먼저 눈에 띈다. 궁궐 내 서적 관리와 국왕의 자문, 교지(왕이 내리는 임명장) 작성 등을 담당하던 홍문관이다. 권력 기관은 아니었으나 출세의 관문으로 관리들이 가장 선망하는 자리였다. 그래서 과거 합격자 중에서도 우수한 인재들이 몰렸고, 별칭도 '옥같이 귀한 관청'이라는 뜻의 옥당이 됐다고 한다.

궐내각사 옥당

내의원은 의관과 침의, 의녀뿐 아니라 행정 실무자와 일꾼 등 수십 명이 북적이며 국왕과 왕실의 건강을 돌보는 관청이었다. 내의원이 약방으로 불린 까닭은 쉽게 짐작할 수 있다. 19세기 초에 제작된 〈동궐도〉를 보면 내의원 마당에 약 만드는 도구들이 놓여 있다. 그 옆으로는 자그마한 측간(화장실)도 보인다.

숙종 때 처음 만든 규장각은 역대 국왕의 글과 그림 등을 관리하던 곳이었다. 그러다 정조 대에 이르러 대폭 확장되면서 학술 기관이자 국정 개혁을 주도하는, 국왕의 최측근 권력 기관이 됐다(정조가 총애한 정약용도 규장각 출신이다). 규장각은 원래 창덕궁 후원에 있었는데, 궐내각사에도 규장각 부속건물들이 자리 잡았다. 현재 '규장각'이란 현판을 달고 있는 건물은 규장각 실무 부서인 이문원으로 추정된다. 이문원 옆의 검서청과 봉모당도 규장각 부속 건물들이다.

예문관은 국왕 명의의 글을 짓고 관리하는 곳으로, 또 다른 역할은 《조선왕조실록》의 기초 자료가 되는 '사초' 작성이었다. 사극에서 언제나 국왕 근처에 자리 잡고 뭔가를 쓰고 있는 사관들이 바로 예문관 소속이다. 임금에 대해서도 날선 비판을 멈추지 않던 사관들은 때로 필화(筆禍)에 휘말려 목숨을 잃을지라도 정론직필(正論直筆)을 고집했다. 이것이 조선을 든든히 떠받친 힘 중 하나였다.

이밖에도 창덕궁 궐내각사에는 수많은 관청이 있었으나, 아직까지 절반도 복원되지 못했다. 아쉽지만 훗날을 기약하고 궐내각사를 나오면 창덕궁의 두 번째 문인 진선문이 보인다.

자, 여기서 다시 한 번 퀴즈. 조선시대에 억울함을 풀 길 없는 백성이 두드렸던 북은? 정답은 신문고다. 너무 쉽다고? 하지만 우리가 역사 시간에 제대로 배우지 못한 사실이 있다. 신문고는 궁궐의 '정문 앞'이 아니라, '정문 안'에 설치됐다는 것. 정확히는 바로 이곳, 돈화문 안쪽 진선문 옆에 신문고가 있었다고 한다. 그러니 억울한 백성이 신문고를 울리기 위해서는 무장한 병사들이 지키고 있는 돈화문을 통과해야 했다. 하, 이것 참 얄궂다. 당연히 보통 백성들이 신문고를 치기란 여간 어려운 일이 아니었고, 그래서 신문고 대

진선문

©shutterstock/ rotsukhon lam

신 임금의 행차에 뛰어들어 억울함을 호소하는 일이 잦았다고 한다(신문고에 대한 더 자세한 내용은 p.158 참고). 이걸 '격쟁'이라고 한다.

"아무리 행차 중이라지만 어떻게 삼엄한 경계를 뚫고 임금님께 억울함을 전할 수 있었을까? 방법은 간단해. 징이나 꽹과리를 시끄럽게 울리면서 행차를 막으면 관리가 억울한 사연을 임금님께 전했지. 특히 정조의 경우에는 아버지 사도세자의 묘가 있는 수원으로 자주 능행을 했는데, 이때 수많은 백성들이 왕의 행차를 가로막고 억울함을 호소해서 일정이 지연될 정도였다고 해."

그림의 떡(?) 신문고가 있었다는 진선문을 지나면 길게 난 어도를 따라 직사각형의 널찍한 공간이 나온다. 하지만 딱 떨어지는 직사각형은 아니다. 가만히 보면 진선문 쪽이 넓고 반대편으로 갈수록 좁아지는 사다리꼴 모양이다. 창덕궁을 창건한 태종의 눈에도 이 사다리꼴 모양은 거슬렸나 보다. 이곳을 설계한 책임자를 옥에 가두라고 했다니. 하지만 그는 억울한 것으로 밝혀졌다. 진선문 반대편에 바로 산맥이 있어 지형은 최대한 살리면서 공간을 넓게 쓰고자 일부러 그렇게 만들었기 때문이다. 여기서도 자연을 살리면서 인공 건축물을 만들어 나가는 우리 조상의 마음을 읽을 수 있다.

이 '사다리꼴 광장'에서는 왕의 즉위식이나 큰 잔치 또는 중요한 재판 등을 했다. 이곳에서 행사를 치를 때 국왕은 인정문 월대 위에 자리를 잡았다. 잠깐, 국왕의 즉위식을 인정전이 아니라 인정문

인정문

에서 치렀다고? 그렇다. 선왕의 장례식 중에 열리는 즉위식은 아주 약소한 행사였기 때문이다. 그래서 선왕이 세상을 뜬 궁궐의 정전 문에서 치르는 것이 원칙이었다(살아 있는 왕이 왕위를 물려주는 선위나 반정인 경우에는 정전에서 치렀다). 마지막으로 인정문에서 즉위한 왕은 당시 12세 소년인 고종이었다. 바로 이전 임금인 철종이 창덕궁에서 세상을 떠났기 때문이다. 인정문 안에는 너른 조정 너머 창덕궁의 중심 건물, 인정전이 자리한다.

인정전과 조정

안내판 **인정전 일원**

인정전은 창덕궁의 정전으로 신하들이 임금에게 문안도 하고 정사를 아뢰며 외국의 사신을 접견하는 등 중요한 의식을 행하던 곳이다. 앞쪽에는 임금이 다니는 길인 어도와 벼슬의 등급을 나타내는 품계석을 둔 ❶ **조정** 마당을 두어 국가의 상징 공간으로 삼고, 뒤편에는 인정전 뒷산인 ❷ **매봉**과 맥이 이어지도록 계단식 정원을 마련했다. 조정 마당을 둘러싼 ❸ **내행각**에는 호위대 주둔소와 창고 등을 두었으나 현재는 비어 있다. 인정문 앞 외행각의 사다리꼴 마당은 불규칙한 지형과 규칙적인 궁궐 형식을 절묘하게 융합한 공간으로, 세종조의 건축가 ❹ **박자청**이 설계한 것이다. 외행각과 진선문, ❺ **숙장문**은 1996년 세운 것이다.

안내판 들여다보기

❶ 조정 '조회를 하는 정원'이어서 조정이야. 여기에 문무백관이 섰으니, '조정대신'이란 말이 여기서 나왔지.

❷ 매봉 경복궁의 주산이 북악산이라면 창덕궁에는 매봉이 있어. 매봉은 창경궁과 종묘의 주산이기도 하단다.

❸ 내행각 내행각 바깥을 한 번 더 두른 것을 외행각이라고 불러.

❹ 박자청 박자청은 노비 출신이었으나 탁월한 건축 기술을 인정받아 높은 벼슬까지 오른 인물이야. '조선 건축계의 장영실'이라고나 할까. 인정문 앞마당을 사다리꼴로 만들었다고 옥에 갇혔지만, 곧 오해가 풀리고 오히려 벼슬이 높아졌다는구나.

❺ 숙장문 진선문 맞은편에 있는 숙장문은 낙선재로 통하는 문이야.

십이지신상으로 월대를 화려하게 장식한 경복궁 근정전보다는 규모가 작지만, 박석 위에 줄지어 서 있는 품계석을 내려다보는 인정전의 근엄한 모습에서 위엄이 느껴진다. 그런데 다른 궁궐의 정전에서는 찾아볼 수 없는 것이 있다. 용마루에 붙어 있는 다섯 개의 오얏꽃 문양. 그러고 보니 인정문 용마루에도 오얏꽃 세 개가 보인다. 오얏꽃은 대한제국의 황실 문양으로 훈장이나 휘장, 군복 등에 새겨 넣었다. 오얏은 자두를 일컫는 옛 우리말이다. 조선 임금의 성씨가 바로 한자 '오얏 리(李)' 자다(유관순 열사가 다닌 이화학당의 '배나무 이(梨)' 자와 헷갈리지 마시길). 덕분에 오얏꽃이 대한제국 황실을 상징하는 문양이 된 것이다. 창덕궁의 오얏꽃 문양은 고종의 뒤를 이은 순종이 덕수궁에서 창덕궁으로 옮기면서 달아놓은 것으로 추정된다.

인정전의 내부 또한 근정전과 비슷한 듯하나, 확실히 다르다. 화려한 닫집(어좌나 불단 위의 처마 모양 구조물) 아래 옥좌를 놓고, 그 뒤로 일월오봉병을 두른 것은 근정전과 같다. 그런데 일월오봉병 아래, 옥좌 뒤로 또 다른 병풍이 보인다. 세상에, 이건 일제강점기에 일월오봉병을 없애고 놓았던 일본식 병풍이라고 한다. 인정전 실

내에 주렁주렁 매달린 서양식 유리등과 마룻바닥도 꺼림칙해 보인다. 순종 때의 인정전 공사를 주도한 것도 일제였기 때문이다. 이렇게 궁궐의 모습을 바꾸기 시작한 일제는 강점 이후, 조정의 박석을 들어내 꽃밭을 만들고 인정전은 파티장으로 만들어버렸다. 우리가 인정전을 보면서 기억해야 할 아픈 역사다. 조금은 무거워진 마음으로 바로 옆 선정전으로 발걸음을 옮겨보자.

안내판 **선정전**

선정전(宣政殿)은 궁궐의 편전(便殿, 사무 공간)으로서 왕이 고위직 신하들과 더불어 일상 업무를 보던 곳으로, ❶ **지형에 맞추어 정전 동쪽에 세워졌다**. 아침의 조정 회의, 업무 보고, 국정 세미나인 경연 등 각종 회의가 매일같이 열렸다. 주위를 둘러싼 행각들은 비서실, 창고 등으로 이용됐으나 전체적으로 비좁았다. 선정전은 청기와를 올린 것과 앞쪽 선정문(宣政門)까지 ❷ **복도각** 건물로 연결한 것이 특징이다. 선정전은 한때 혼전(魂殿, 신주를 모시는 곳)으로 쓰였는데, 복도는 그때의 흔적이다.

안내판 들여다보기

❶ 지형에 맞추어 정전 동쪽에 세워졌다. 경복궁의 편전인 사정전은 정전인 근정전 뒤에 있었던 것, 기억나지?

❷ 복도각 '각'이라는 말은 보통 중요한 건물 옆에서 그것을 보조하는 건물에 붙이는 이름이야.

선정전과 보도각

인정전 동쪽으로 바로 이어지는 건물인 선정전. 이름처럼 '선정'을 베풀기 위해 왕과 신하들의 회의 공간이자 업무 공간으로 사용됐다. 그런데 이곳도 다른 궁궐 건물에서는 찾기 힘든 특징이 있다(아, 그러고 보니 창덕궁은 독특한 건물과 장식이 참 많기도 하다). 뭐냐고? 힌트는 지붕, 답은 청기와다. 한눈에 보기에도 번쩍번쩍 윤이 나는 청기와는 보통의 회색 기와보다 제작비가 몇 배나 더 들었다고 한다. 원래는 임진왜란으로 불타기 전 경복궁의 근정전과 사정전 정도에만 청기와를 올렸다는데, 지금은 궁궐 건물 중에서 선정전에 유일하게 청기와가 남아 있다.

그런데 선정전이 처음부터 청기와 건물은 아니었다. 근정전이나 사정전과는 반대로 불에 탄 것을 다시 짓는 과정에서 청기와를 올린 것으로 보인다. 선정전이 화재로 소실된 것은 인조반정 때의 일이다. 반정군이 광해군이 있던 창덕궁에 불을 질러 인정전을 뺀 전각들이 몽땅 타버린 것이다. 이때 창덕궁을 수리하면서 광해군이 세운 인경궁의 건물들을 해체해 가져다 썼는데, 선정전은 인경궁의 편전인 광정전 건물을 썼을 것으로 추정된다.

궁궐 공사에 몰두했던 광해군은 특히 인경궁을 화려하게 짓는 데 비용을 아끼지 않았다. 인경궁의 정전과 편전 등에 청기와를 올리고 중국에서 수입한 채색 원료로 단청을 칠했다고 한다. 하지만 광해군은 인경궁에서 살아보지도 못하고 쫓겨났고, 인조도 인경궁을 '적폐의 상징'으로 몰아 다른 궁궐 복구 자재로 써버린 것이다. 이후 또 불이 나 다시 지으면서도 청기와는 유지돼 선정전의 특징으로 남게 됐다. 예전 광정전의 청기와는 아니겠으나 백성들의 피땀이 서린 인경궁의 흔적이 지금까지 남아있는 셈이다. 선정전을 지나면 이번에도 다른 건물과는 사뭇 다른 모양의 건물, 희정당에 이르게 된다.

안내판 **희정당**

희정당은 왕의 거처이며 집무실이다. 원래의 이름은 숭문당이었는데 연산군 대에 ❶ **희정당(熙政堂)**으로 바꾸었다. 선정전이 종종 국장에 사용되면서 또 다른 집무실로 활용됐고, 왕의 침실로 쓰이기도 했다. 지금의 희정당은 ❷ **1917년에 불에 타 없어진 희정당을 복구하면서 경복궁의 강녕전을 이전해 건축**한 것으로, 원래의 모습과 다르다. 앞쪽에는 ❸ **자동차를 타고 내릴 수 있는 현관**이 마련되고, 내부는 유리창과 전등, ❹ **근대적 화장실**을 설치하고 유럽풍의 가구를 갖추었다.

안내판 들여다보기

❶ 희정당(熙政堂) '희정'은 '정사를 밝혀 백성을 구제한다'는 뜻이래.

❷ 1917년에 불에 타 없어진 희정당을 복구하면서 경복궁의 강녕전을 이전해 건축 1917년 창덕궁에 큰 불이 나서 많은 건물이 불탔어. 그러자 일제는 경복궁의 강녕전, 교태전 등을 가져와 다시 지었지. 이 과정에서 건물의 원래 모습이 망가진 것은 말할 필요도

없겠지?

❸ 자동차를 타고 내릴 수 있는 현관 고종황제가 미국산 자동차를 들여온 것이 우리나라 최초의 자동차래. 이건 없어졌지만 뒤를 이은 순종황제가 타던 자동차는 지금도 고궁박물관에서 볼 수 있어.

❹ 근대적 화장실 원래 조선 궁궐에는 '측간'이라 불리는 재래식 화장실이 있었어. 하지만 임금이나 왕비처럼 귀한 사람은 '매우틀(매화틀)'이라는 이동식 변기를 이용했다는구나.

희정당

아, 안내판을 읽으니 왜 이렇게 다른 분위기의 건물이 됐는지 감이 잡힌다. 일제강점기에 창덕궁에 발생한 화재로 인해 경복궁의 건물을 가져다 다시 지으면서 조선총독부가 자기들 입맛에 맞게 멋대로 지어놓은 것이다. 여기까지 자동차를 타고 오려고 돈화문의 월대를 땅에다 묻어버렸던 거였구나. 경복궁에서 온 건물은 강녕전도 희정당도 아닌 것이 돼버렸다. 원래 있던 월대는 사라지고 없던 용마루가 생긴 것이다. 또한 희정당보다 큰 건물인 강녕전이 비좁은 자리에 억지로 들어앉은 꼴이 되고 말았다. 게다가 건물의 내부 또한 어설픈 서양식으로 꾸며놓았고 말이다.

희정당 내부

만신창이로 변해버린 희정당을 보면서 기억해야 할 인물이 있다. 순조의 아들이며 정조의 손자인 효명세자다. 이곳은 그가 스물두 살 나이에 요절한 장소다. 많은 이들에겐 낯선 이름일지 모르나, 조선 후기 역사에서 그만큼 중요하고 또 안타까운 이름을 찾기도 쉽지 않다.

효명세자는 국운이 쇠해가는 조선 후기, 세도정치의 그늘을 벗고 개혁을 추진한 젊은 정치가이자 조선의 궁중 예술을 꽃피운 예술가였다. 엄연히 왕이 있는데 어떻게 세자가 국정을 좌우할 수 있었을까? 그것은 효명세자가 19세 때부터 아버지 순조를 대신해 나라를 책임지는 '대리청정'을 했기에 가능했다. 이때 순조의 나이는 겨우 38세. 하지만 정조 사후 등장한 안동 김씨의 세도정치 앞에 순조는 뭐 하나 제대로 할 수 없는 나약한 국왕이었다. 자신도 이런 사실을 잘 알고 있어서일까, 아직 젊은 순조는 건강을 이유로 어려서부터 총명하고 백성과 나라를 걱정하던 효명세자에게 대리청정을 명한다.

당시 국정을 좌우하던 안동 김씨는 나라보다 가문의 권력과 부귀를 위한 정치를 하고 있었다. 설상가상으로 기근과 감염병이 퍼지고 농민들이 도처에서 반란을 일으키는 등 나라 사정이 말이 아니었다. 창덕궁 후원에 단청도 없는 작은 공부방을 만들고 늘 독서와 사색을 즐기던 19세의 효명세자는 국정을 맡자마자 개혁을 시작했다. 안동 김씨 세력을 권력에서 배제하면서 참신한 인재를 등용하고 암행어사를 파견해 백성들의 생활을 살폈다. 또한 궁궐의 의식을 정리해 왕실의 권위를 높이기도 했다. 이 과정에서 효명세자는 예술가적 기질을 십분 발휘했는데, 조선 후기까지 전해진 궁중무용 중 절반 가까이가 그의 손에서 다시 태어난 것이라고 한다.

박규수를 비롯한 개혁적 사상을 가진 선비들과 교류하면서 새로운 조선을 꿈꿨지만, 하늘이 그에게 허락한 대리청정의 시간은 고작 3년 3개월. 효명세자는 병에 걸린 지 10여 일 만에 여기 희정당에서 급서했고, 그와 함께 개혁의 꿈도, 조선의 중흥도 묻혀버렸다. 소현세자 이후 또 한 번의 안타까운 죽음이 아닐 수 없다. 효명세자 사후 다시 세도정치의 나락으로 빠진 조선은 국운이 쇠한 가운데 개항을 맞이하고, 결국 일제의 식민지로 전락하게 됐다. 이제 조선 비극의 정점, 식민지 전락의 현장으로 발걸음을 옮길 시간이다.

안내판 **대조전 일원**

왕과 왕비의 생활 공간이며 왕실의 큰 행사도 자주 열렸다. 대조전(大造殿)은 창덕궁의 침전으로 ❶ **안대청**을 사이에 두고 왕과 왕비의 온돌방이 설치됐다. 원래의 ❷ **흥복헌(興復軒)**은 1910년 마지막 어전회의를 열어 ❸ **경술국치**를 결정했던 비운의 장소이며, 행각과 복도로 여러 부속 건물들이 연결돼 있다. 1917년에 불에 타 없어진 터에 ❹ **경복궁의 침전인 교태전**을 옮겨 지어 현재의 모습이 됐다. ❺ **마지막 왕비였던 순정효황후**의 거처로 해방 후까지 사용됐기 때문에 고유한 장식과 벽화, 문살 등이 잘 남아 있다. 뒤편에 4단의 계단식 정원을 만들어 후원으로 삼았고, 누마루를 뒤편으로 돌출시켜 이를 감상하는 장소로 사용했다.

안내판 들여다보기

❶ 안대청 대청은 방과 방 사이에 있는 큰 마루를 일컫는 이름이야. 그중에서도 집 안채에 있는 대청을 '안대청'이라고 하지.

❷ 흥복헌(興復軒) 흥복헌은 대조전의 부속 건물 중 하나야.

❸ 경술국치 이때부터 우리는 나라를 잃고 일제의 식민지가 됐어. 이 일을 '경술년에 있었던 국가의 치욕스러운 사건'이라 해서 '경술국치'라고 하지.

❹ 경복궁의 침전인 교태전 경복궁 강녕전은 창덕궁 희정당이, 교태전은 대조전이 된 거야.

❺ 마지막 왕비였던 순정효황후 조선의 마지막 임금인 순종의 왕비야. 1966년에 돌아가신 대한제국의 마지막 황후지.

1910년 8월 22일, 황제 순종의 침전인 대조전의 부속 건물 흥복전에서 조선의 마지막 어전회의가 열렸다. 이날의 안건은 한 가지였다. '한일병합'. 총검을 번뜩이는 일본 군인들이 공포 분위기를 조성한 가운데 총리대신 이완용은 순종에게 '전권위임장'을 줄 것을 강요했다. 몸을 던져 막거나 하다못해 눈물이라도 흘리는 대신은 누구도 없었다고 한다. 결국 순종은 전권위임장에 서명했고, 이완용은 그 길로 통감부로 가서 데라우치 통감과 '한일합병조약안'을 체결했다. 조선인의 반발을 우려한 일제는 이 사실을 철저히 비밀로 하다가 일주일이 지난 8월 29일에야 공표했다. 이로써 519년 동안 이어온 조선은 종말을 고했고, 그날은 '경술국치일'이 됐다.

대조전(위)과 흥복헌(아래)

그리고 지금, 작은 옷을 억지로 껴입은 것처럼 거북하게 보이는 대조전 옆에는 '흥복헌'이라는 현판을 단 건물이 있다. 하지만 이 건물은 100년 전 경술국치의 비극이 일어난 바로 그 건물이 아니다. 1917년 발생한 화재로 인해 대조전과 흥복헌을 비롯한 많은 건물이 불탔고, 이후 경복궁의 왕비 침전인 교태전을 헐어 가져온 자재로 대조전 일원을 다시 지었기 때문이다. '원인을 알 수 없는 화재'는 대낮에 발생했는데도 창덕궁의 상당 부분을 삼켜버렸다. 그리고 일제는 창덕궁 복원을 핑계로 멀쩡한 경복궁의 건물을 헐었으며, 결국 경복궁도 창덕궁도 모두 이상한 모습으로 만들어버리고 말았다.

새로 지어진 대조전에 머물던 순종은 1926년 이곳에서 세상을 떠났다. 유언은 다음과 같았다고 전해진다. "지난날의 합병 인준은 일본이 역신의 무리와 제멋대로 만들어 선포한 것이요, 내가 한 것이 아니다…. 노력해 광복하라. 짐의 혼백이 여러분을 도우리라."

어떤 이들은 전권위임장을 받은 이완용이 체결한 조약이기에 한일병탄은 국제법상 합법이라 주장하고, 또 다른 이들은 순종의 최종 비준을 받지 않았기 때문에 '국제법적으로도' 불법이라고 말한다. 물론 당시의 조약을 합법, 불법으로 따지는 일에 의미가 없지는 않을 것이다. 하지만 어쨌든 그 일 이후 조선 민중은 이루 말할 수 없는 고통을 겪었고, 그 후유증은 오늘까지도 이어지고 있다. 비록 그때 일이 벌어졌던 건물은 사라지고 없지만, 조선과 운명을 함께 해온 창덕궁은 그날을 기억하고 있지 않을까.

안내판 **낙선재 일원**

낙선재는 왕의 서재 겸 사랑채다. 헌종은 자신과 효정왕후 사이에 자식이 없자 1847년 김재청의 딸을 경빈(慶嬪)으로 맞이하면서 ❶ **중희당** 동쪽에 낙선재를 지었다. 이듬해에는 석복헌(錫福軒)을 지어 수강재(壽康齋)와 나란히 두었다. 석복헌은 경빈의 생활 공간이었으며, 수강재는 어린 왕을 대신해 ❷ **왕실 어른으로서 정사를 돌본 순원왕후**를 모신 곳이었다. 헌종의 뜻에 따라 낙선재는 ❸ **단청**을 입히지 않아 외형이 소박하며, 외국 문물에 대한 왕의 기호를 반영하듯 낙선재 창살 무늬와 상량정의 건축 양식 등에서 청나라 양식을 볼 수 있다. 낙선재 현판은 청나라의 문인 섭지선의 글씨이며, 대청마루 앞 주련에는 추사 김정희의 스승인 옹방강의 글씨가 있다.

안내판 들여다보기

❶ 중희당 중희당은 세자가 사는 동궁의 중심 건물이야. 효명세자가 이곳에서 대리청정을 했다는데, 지금은 남아 있지 않아.

❷ 왕실 어른으로서 정사를 돌본 순원왕후 순조의 왕비인 순원왕후는 여덟 살에 즉위한 헌종을 대신해 6년 동안 나랏일을 했는데, 이걸 '수렴청정'이라고 해.

❸ 단청 지붕 아래 처마 부분을 화려한 색깔로 칠하는 것을 '단청'이라고 하지. 돈이 있다고 아무 집에나 단청을 할 수 있는 건 아니야. 조선시대에 단청을 할 수 있는 건물은 궁궐과 사찰, 관아, 서원, 사당 등이었어.

자, 드디어 '궁궐 전각 자유 관람'의 마지막 코스, 낙선재에 이르렀다. 이곳은 현재 창덕궁의 일부지만, 원래는 창경궁에 속했다. 안내판에 나온 경빈 김씨와 관련해서는 이런 이야기가 전한다.

조선의 24대 국왕 헌종은 16세에 요절한 첫 왕비의 자리를 이을 두 번째 왕비를 간택하는 데 전례 없이 본인이 직접 참여했단다. 그는 마지막 삼간택에 남은 세 명의 왕비 후보 중 김재청의 딸을 마음에 두었다고 한다. 하지만 결정권은 어머니인 대비에게 있었고, 결국 어머니가 고른 다른 여자와 혼례를 올리게 됐다고. 그리고 3년 뒤 헌종은 그때 자신이 마음에 두었던 그 여인을 후궁으로 맞아들였는데, 그녀가 바로 경빈 김씨라는 이야기다.

그러나 이는 사실이 아니다. 결정적으로 당시 왕비 후보 명단에 경빈 김씨의 이름이 없었기 때문이다. 하지만 헌종의 후궁이 경빈 김씨 한 사람뿐이며, 대비와 나란히 처소를 지어줄 만큼 왕이 그녀를 아꼈다는 건 틀림없는 사실이다.

이때부터였을까, 낙선재가 왕실 여인들의 삶을 고스란히 담아내는 장소가 된 것이. 조선의 마지막 중전인 순정효황후 윤씨와 고종 황제의 외동딸인 덕혜옹주 그리고 순종의 이복동생 영친왕의 아내인 이방자 여사가 마지막까지 낙선재를 지킨 안주인들이었다.

순정효황후 윤씨는 1910년 조선의 마지막 어전회의를 병풍 뒤에서 엿들었다고 한다. 그래서 옥새를 치마 속에 감추고 내놓지 않았단다. 하지만 결국 삼촌인 윤덕영이 옥새를 강제로 빼앗았고, 한일합병조약은 체결되고 말았다. 순종이 세상을 뜬 뒤에도 낙선재에 계속 머물던 순정효황후는 이곳에서 광복과 전쟁, 이승만 정권 시절을 겪었다. 한국전쟁 때는 낙선재에 들이닥친 인민군에게 한동안 붙잡혀 있어야 했고, 이승만 정부와는 황실 재산을 둘러싸고 갈등을 빚기도 했다. 하지만 그녀는 끝까지 낙선재를 지켰고, 일본에 있던 시동생 영친왕과 시누이 덕혜옹주를 불러들이고 나서야 낙선재에서 눈을 감았다.

동명의 베스트셀러 소설로 다시 조명을 받은 덕혜옹주의 삶은 더욱 파란만장하다. 환갑을 맞은 고종의 외동딸로 태어나 귀하게만 자라다, 일본 왕족과 정략결혼 후 일본으로 건너갔고, 이혼과 정신질환 등으로 비참한 삶을 살게 됐다. 그나마 올케의 도움으로 낙선재로 돌아와 눈을 감았으니 다행이라 할 수 있을까.

낙선재

낙선재 화방벽

낙선재 장락문

조선 왕실의 영욕과 여인들의 한숨이 서려 있는 곳, 낙선재로 들어가려면 정문을 택하는 것이 좋다. 흥선대원군이 썼다는 '장락문(長樂門)'이라는 이름처럼 '오래도록 즐기면서' 문지방을 넘어보자. 단청 없이도 단아한 왕실의 기품을 느낄 수 있는 낙선재는 누마루 아래, 절묘한 면 분할을 선보이는 '화방벽' 하나만으로도 예술이다. 여기서 퀴즈로 창덕궁 전각 관람을 마무리해볼까? 이렇게 아름다운 화방벽의 용도는 무엇이었을까? 개가 들어오지 말라고? 도둑을 막으려고? 아니다. 화방벽은 글자 그대로 불씨가 날리지 말라고 아궁이 앞에 설치하는 작은 벽이란다.

'궁궐 전각 자유 관람'은 여기까지가 끝이다. '후원 관람'은 낙선재 왼쪽 길 위의 함양문에서 시작한다. 함양문 옆 매표소에서 5,000원짜리 표를 사면 후원 관람을, 1,000원짜리 표를 사면 창경궁 관람을 할 수 있다(함양문은 창덕궁과 창경궁을 이어주는 문이다). 이전에도 이야기했지만, 후원 없는 창덕궁은 팥소 없는 찐빵이다. 그러니 웬만하면 시간과 돈을 투자해 후원까지 둘러보기를 권한다. 단체로 움직이는 게 조금 불편할 수도 있지만, 문화해설사의 설명은 아이들도 이해하기 쉽고, 더 궁금한 것이 있으면 직접 물어볼 수도 있어 좋다.

5,000원짜리 표를 끊고 관람 예정 시간이 됐다면, 지금부터 '창덕궁의 앙꼬'인 후원으로 들어가 보자.

창덕궁 후원의 애련지

안내판

창덕궁 후원

창덕궁 후원은 태종 대 창덕궁 창건 당시 조성됐으며, 창덕궁뿐 아니라 창경궁의 ❶ **후원(後苑)**이기도 했다. 임진왜란 때 대부분의 정자가 불타 버리고, ❷ **1623년** 인조 때부터 개수·증축돼 현재의 모습을 이루었다. 창덕궁 후원은 자연 지형을 그대로 살리면서 골짜기마다 정원을 조성해 ❸ **인위적인 손질을 최소화하면서도 자연을 더 크게 완성시킨 절묘한 솜씨**를 자랑한다. 네 개의 골짜기에 각각 ❹ **부용지(芙蓉池), 애련지(愛蓮池), 관람지(觀覽池), 옥류천(玉流泉)** 정원이 펼쳐진다. 네 개의 정원은 안으로 들어갈수록 크고 개방된 곳에서 작고 은밀한 곳으로, 인공적인 곳에서 자연적인 곳으로 점진적으로 변화하며 결국은 큰 자연인 뒷산 매봉으로 연결된다. 세계 대부분의 궁궐 정원은 보고 즐기기 위한 관람용인 데 비해, 창덕궁 후원은 여러 능선과 골짜기를 오르내리며 온몸으로 느끼는 체험 정원이었다. 또한 여러 복합적인 기능을 수용한 정원이었다. 시를 짓고 학문을 논하며 사색에 잠기던 곳이었고 때로 연회를 열고 활쏘기 놀이를 즐기던 곳이었다. 왕이 참관한 가운데 군사 훈련도 행해졌고, 왕과 왕비가 백성들의 생업을 따라 농사를 짓고 누에를 치기도 했다.

안내판 들여다보기

❶ 후원(後苑) 조선시대 궁궐의 정원은 뒤편에 있다 해서 '후원(後苑)', 궁궐 안에 있다고 해서 '내원(內苑)', 일반인이 들어가지 못한다 해서 '금원(禁苑)' 등으로 불렸어.

❷ 1623년 이때가 임진왜란이 끝나고 25년 뒤이니, 그 동안은 나라 살림이 어려웠다는 이야기지.

❸ 인위적인 손질을 최소화하면서도 자연을 더 크게 완성시킨 절묘한 솜씨 이런 이유 덕분에 창덕궁은 1997년 유네스코 세계문화유산으로 이름을 올렸어.

❹ 부용지(芙蓉池), 애련지(愛蓮池), 관람지(觀覽池), 옥류천(玉流泉) 지금부터 이곳들을 차례차례 둘러볼 거야!

유네스코가 인정한 최고의 아름다움. 창덕궁과 창경궁을 아우르는 동궐이 조선 국왕들의 사랑을 받은 이유 중 하나도 바로 이 아름다운 후원 때문이다. 궁궐 전각을 보며 알게 된 가슴 아픈 역사는 훌훌 털어버리고 자연과 절묘한 조화를 이루는 전통 정원의 아름다움을 만끽할 때다.

넓고 아름다운 동궐의 후원은 단순히 왕의 휴식만을 위한 공간은 아니었다. 임금과 신하가 함께 자연을 즐기면서 시와 학문을 논하기도 하고, 연못에서 낚시도 했다. 활쏘기 행사나 군사 훈련이 벌어지거나, 왕실의 어른이나 신하들을 위로하는 잔치가 열리기도 했다. 문무 과거의 최종 시험을 치르던 곳, 그리하여 급제를 꿈꾸는 모든 이들이 선망해 마지않던 곳 또한 바로 창덕궁 후원이었다.

그러니 창덕궁의 후원을 제대로 즐기기 위해서는 안내판의 설명대로 단순히 눈으로 보고 감상하는 것이 아니라 '온몸으로 느끼는 체험 활동'을 해야 마땅하겠으나, 왕이 아닌 관람객 신분으로는 어려울 터. 최대한 상상력을 발휘해 마치 왕이나 왕비가 된 듯 그때 그 시절을 떠올려보도록 하자.

안내판 **부용지와 주합루**

후원의 첫 번째 중심지로서 휴식뿐 아니라 학문과 교육을 담당하던 비교적 공개된 장소였다. ❶ **주합루(宙合樓) 일원의 규장각(奎章閣)과 서향각(書香閣)** 등은 왕실 도서관 용도였고, ❷ **영화당(映花堂)**에서는 때로 ❸ **왕이 입회하는 특별한 과거**가 치러지기도 했다. 개인적 휴식을 위한 부용정은 연못에 앞발을 담그고, 행사를 위한 영화당은 연못에 면해 있으며, 학문을 연마하던 주합루는 높은 곳에서 내려다보고 있다. 하나하나의 건물들도 각각 특색이 있고 아름답지만, 서로 어우러지면서 서로에게 풍경이 되는 절묘한 경관을 이룬다.

안내판 들여다보기

❶ 주합루(宙合樓) 일원의 규장각(奎章閣)과 서향각(書香閣) '주합'은 '우주와 하나가 된다', '규장'은 '임금의 글', '서향'은 '책의 향기'라는 뜻이야. 풍경만큼 이름도 멋지군!

❷ 영화당(映花堂) 영화당 현판은 영조임금의 글씨야.

❸ 왕이 입회하는 특별한 과거 임금은 영화당에 있고, 바로 앞 넓은 공터인 춘당대에서 과거 시험을 치렀어. 그래서 이 시험을 '춘당대시'라고 했대. 《춘향전》의 남자 주인공 이몽룡이 장원급제한 시험도 바로 춘당대시였단다.

창덕궁 후원을 이루는 네 개의 정원 중에 맨 처음 만나게 되는 곳

부용지

은 부용지다. 네모난 연못 안에 둥근 섬이 있고, 마치 나그네가 물에 발을 담근 듯한 모습의 부용정과 아름다운 주합루가 마주 보고 있는 곳. 부용지와 주합루는 조선의 개혁 군주 정조를 빼놓고는 이야기할 수 없는 곳이기도 하다.

정조는 즉위하자마자 이곳에 2층 누각을 지었다. 아래층엔 왕실 도서관인 규장각을 두고, 위층은 열람실 겸 휴게 공간인 주합루로 만들었다. 규장각은 왕의 글인 규장을 관리하는 부서로 정조의 증조할아버지 숙종이 처음 만들었다. 하지만 정조가 규장각을 왕립 도서관으로 확대 개편하면서 젊고 뛰어난 신하들을 불러 모아 학문을 연구하고 정치 개혁하는 일을 맡겼던 것이다.

정조가 이곳에서 신하들과 학문과 정치를 논하기만 한 것은 아니었다. 함께 술을 마시고 시도 지으면서 군신 간의 유대감을 다지기도 했다. 부용지에 배를 띄우고 정해진 시간 안에 시를 짓지 못한 신하는 연못 안 작은 섬으로 '유배'를 보내기도 했단다. 정약용은 정조와의 '부용지 회식'을 추억하면서 다음과 같은 소감을 남겼다.

"음식을 내려주고 즐거운 낯빛으로 대해주시는 임금의 친근함이 마치 한 집안의 아버지 같았다. 덕분에 여러 신하들이 각기 말하고자 하는 것을 숨김없이 모두 아뢰니, 혹 백성들의 고통과 답답한 사정이 있어도 환하게 들을 수 있었다."

정조는 또한 다른 조선의 왕처럼 활쏘기를 즐겼는데, 50발을 쏘면서 49발을 과녁에 명중시키고 마지막 한 발은 일부러 빗나가게 쏘았다는 전설 같은 이야기도 전한다. 그러면서 '무엇이든 가득 차면 못 쓰는 것이다'라는 멋진 말을 남겼다니, 옆에서 바라보는 젊은 신하들에게 '존경의 마음'이 저절로 일어난 것은 당연한 일이라 하겠다.

정조처럼 활을 쏘고 낚시를 하며 시를 지을 수는 없으니 그가 있던 자리에라도 한번 앉아볼까? 우선 부용정의 연못 쪽 방향 누마루, 한 칸 높이 올린 부분이 바로 왕의 자리다. 여기 앉아 부용지와

어수문(왼쪽)과 주합루(오른쪽)

주합루를 보면 완전히 한 폭의 그림이겠다. 음… 그런데 여기는 문이 닫혀 있으니 일단 패스. 그러면 주합루는 어떨까? 언덕 꼭대기에서 보는 부용지의 모습도 근사하겠다. 이런, 주합루로 올라가는 어수문이 열려 있기는 한데 계단에 '출입 금지' 표지가 놓여 있다.

그렇다면 과거 시험을 참관했다는 영화당은? 오호, 여기는 올라갈 수도 있고 마루에 앉아볼 수도 있다. 정조 또한 이곳 영화당에 앉아 부용지 쪽 경치를 즐기거나 그 반대 방향인 춘당대에서 벌어지는 과거 시험을 참관했을 것이다. 우리도 잠시 조선 국왕의 눈높이로 풍광을 즐겨보는 건 어떨까.

영화당

안내판 **애련지와 의두합**

순조의 맏아들인 효명세자(1809~1830)는 총명하고 인품이 높아 ❶ **18세에 순조를 대리해 정치**를 지휘하다 22세로 요절한 왕자였다. 이곳에는 숙종 대에 건립한 애련정이 있었고, 효명세자는 1827년부터 여러 시설물을 세워 새로운 정원을 만들고 학문을 연마하며 정치를 구상했다. 그가 공부방으로 사용했던 의두합은 단청을 하지 않아 단출하고 소박하며, 또한 독서와 사색을 위해 궁궐 내 유일한 북향 건물로 돼 있다. 단칸의 애련정 역시 작지만 애련지 연못에 반쯤 걸친 모습은 경쾌하며 ❷ **정자 안에서 내다보는 풍경은 절경을 이룬다**.

안내판 들여다보기

❶ 18세에 순조를 대리해 정치 대비가 어린 임금을 대신해서 정치하는 것을 '수렴청정', 세자가 연로한 국왕을 대신해 정사를 돌보는 것을 '대리청정'이라고 해. 효명세자가 대리청정을 시작한 게 1827년이니, 우리 나이로는 18세가 아니라 19세가 맞아.

❷ 정자 안에서 내다보는 풍경은 절경을 이룬다. 안타깝게도 일반 관람객은 애련정 안까지 가볼 수 없어.

부용지를 나와 조금만 올라가면 왼쪽으로 아담한 금마문(金馬門)이 나오고, 그 안에는 도무지 궁궐에 있을 것 같지 않은 작고 허름한 건물 두 채가 있다. 단청뿐 아니라 그 어떤 장식도 눈에 띄지 않는 소박한 집. 이곳이 바로 희정당에서 최후를 맞은 효명세자가 독서를 즐겼던 '의두합'이다. 지금은 '기오헌(寄傲軒)'이란 현판을 달고 있으니 헷갈리지 말 것. 이름이야 어찌 됐건 이런 곳에서 책을 읽으면 정말 다른 생각 별로 안 하고 공부에 집중할 수 있겠다 싶다.

의두합을 지나 북쪽으로 조금 더 올라가면 네모난 연못, 애련지가 보인다. 애련지? 뭔가 아련한(?) 느낌이 든다고? '애련'은 '연꽃을 사랑한다'는 뜻. 이곳을 처음 만든 숙종이 붙인 이름이란다. '연꽃을 사랑하는 것은 더러운 곳에 처해서도 맑고 깨끗한 모습이 군자의 덕을 지녔기 때문이다'라고 부연 설명을 했다는데, 중인 출신 궁녀에 불과했던 장희빈을 왕비의 자리까지 올렸던 로맨티시스트에게는 어울리는 이름 같다.

가만, 비슷한 로맨티시스트 국왕이 서양에도 하나 있었지 아마? 평민 여자와 사랑에 빠져서 기세등등한 스페인 왕녀 출신 부인과 결국 이혼했던 영국의 헨리 8세. 로마 교황이 이혼을 허락하지 않자, 아예 교황과 결별을 하고 영국 국교회를 만들어 자기가 우두머리를 했단다. 그러고 보니 헨리가 사랑했던 '천일의 앤'도 장희빈처럼 결국 사랑했던 연인의 손에 비극적인 죽임을 당했구나.

애련정은 애련지의 북쪽 면 중간에 있는 사방이 뚫린 아담한 정자다. 두 발을 연못에 담그고 있는 애련정에서 보는 풍경 또한 한 폭의 액자 속 그림이겠다. 하지만 더 이상은 안으로 못 들어가니 상

의두합

애련지와 애련정

상만으로 대신할 수밖에. 대신 그 옆에 통돌을 쪼아 만들었다는 불로문으로 가보자. 경복궁 지하철역에 있는 '짝퉁' 불로문이 바로 이것을 본떠 만든 것이다. 그렇다면 이것이 바로 '진짜' 불로문이란 이야기? 뭐 어쨌거나 따로 입장료를 받는 문이 아니니 아이와 함께 가볍게 통과하면 된다.

연경당

안내판 **연경당**

효명세자는 아버지인 순조에게 진작례(進爵禮)를 올리기 위해 1828년에 연경당(延慶堂)을 건립했는데, 원래 모습은 지금과 상당히 달랐다. 진작례란 신하들이 왕과 왕비에게 술과 음식을 올리는 행사로서 효명세자는 ❶ **이를 왕권 강화책으로 이용했다**. 현재의 연경당은 1865년 고종이 새롭게 건립했다. 사대부 살림집의 제도를 본떠 왕의 사랑채와 왕비의 안채를 중심으로 이루어졌다. 서재인 선향재(善香齋)는 ❷ **중국풍의 벽체와 서양풍 차양**을 설치했다. 뒷마당 모퉁이 높은 곳의 농수정(濃繡亭)은 마치 매가 날개를 편 것같이 날렵한 모습이다.

안내판 들여다보기

❶ 이를 왕권 강화책으로 이용했다. 이렇게 왕실의 위엄을 드높이는 행사를 하면 자연스럽게 왕권이 강화되는 것이지.

❷ 중국풍의 벽체와 서양풍 차양 이건 들어가서 직접 확인해보자고!

애련지 다음은 연경당이다. 그럼 이쯤에서 퀴즈 하나 더. 아까 본 낙선재와 이곳 연경당의 공통점은 무엇일까? 정답은 울긋불긋한 단청이 없다는 것! 척 보기만 해도 알 수 있는 문제다. 조선에서는 아무 건물에나 단청을 할 수 있는 것이 아니었다. 단청은 궁궐의 전각과 사찰, 공자의 위패를 모신 문묘나 서원 그리고 조상의 위패를

연경당 장락문

모신 사당 같은 곳에나 할 수 있는 것이었다. 아무리 지체 높은 관리의 집이라 하더라도 단청을 하는 것은 현행법 위반이다. 그러니 사대부의 살림집을 본떠 만든 연경당도 단청을 하지 않은 것이다.

솟을대문인 '장락문(長樂門)'에 들어서기 전, 작은 다리 옆 기암괴석을 심어놓은(?) 화분이 먼저 눈에 띈다. 여기에는 사방으로 두꺼비 네 마리를 새겨놓았는데, 이는 남편을 배신한 벌로 두꺼비가 돼 달로 귀양을 갔다는 항아의 상징이란다. 장락문 또한 달에 있다는 신선의 궁전인 '장락궁'에서 따온 이름이고, 작은 다리를 '오작교'라고 하니 그 아래를 흐르는 시내는 영락없이 은하수가 되는 셈이다. 참, 우리 조상들은 주변 자연에 맞춰 아기자기하게 건물을 지으면서도 이름만큼은 우주적인 스케일을 자랑했구나.

장락문을 들어서면 제일 먼저 눈에 띄는 건물이 사랑채다(바로 이 사랑채의 이름이 연경당이다). 그 오른쪽으로 '중국풍의 벽체와 서양풍 차양'을 한 선향재가 있다. 중국풍 벽체와 서양풍 차양은 어떻게 생겼느냐고? 청동판 지붕을 씌운 차양은 도르래가 달린 것이 '서양풍'이 확실하다. 궁궐 안 건물로는 드물게 붉은 벽돌로 마감한 측면 벽체는 역시 중국풍을 따른 경복궁 집옥재의 것과 같다. 다른 건물의 측면은 대부분 흙벽에 붉은 칠을 해 마감을 했다.

선향재

안내판 **존덕정과 폄우사**

이 부근은 후원 안에서 가장 늦게 지금의 모습을 갖춘 곳이며, 연지는 원래 두 네모꼴과 둥근 세 개의 연못으로 나누어졌다가 일제강점기에 하나의 곡선형으로 바뀌었다. 연못 주변에 ❶ **육각 겹지붕 정자인 존덕정, 부채꼴 모양의 관람정, 길쭉한 맞배지붕을 가진 폄우사** 등 다양한 형태의 정자들을 세웠다. 관람정 맞은편 언덕에는 단칸의 ❷ **사모지붕**을 가진 승재정이 날아갈 듯 앉아 있다. 1644년 건립된 존덕정이 가장 오래된 건물이며, 관람정과 승재정은 1830년대 이후에 세워졌다.

안내판 들여다보기

❶ 육각 겹지붕 정자인 존덕정, 부채꼴 모양의 관람정, 길쭉한 맞배지붕을 가진 폄우사 육각 겹지붕은 육모지붕이 이중으로 얹힌 모양이고, 맞배지붕은 가장 기본적이고 간단한 지붕 모양이야(건물의 지붕에 대한 자세한 설명은 p.282 참조). 부채꼴 모양의 지붕은 관람정이 유일해.

❷ 사모지붕 사모지붕은 사각형의 정자 지붕을 말해(역시 자세한 설명은 p.282 참조).

자, 이제부터는 본격적인 창덕궁의 속살이다. 애련지나 부용지처럼 뻥 뚫린 공간에 넓게 자리 잡은 것이 아니라, 울창한 숲속에 연못과 정자들이 띄엄띄엄 숨어 있기 때문이다. 그중 가장 먼저 눈

관람정

에 띄는 관람정은 궁궐에 남아 있는 유일한 부채꼴 정자다. 한반도 모양을 해 '반도지'라 불리는 연못에 자리한 관람정은 연못과 정자의 모양이 모두 특이해 유독 눈길을 끈다. 그런데 이게 좀 문제가 있다. 19세기 초에 제작된 〈동궐도〉에는 연못의 모양이 다를 뿐 아니라, 부채꼴의 관람정은 아예 보이지 않기 때문이다. 결국 이것들은 일제에 의해 그 모양이 바뀐 것이다. 더구나 반도지의 방향이 거꾸로(그러니까 남과 북이 반대 방향으로) 된 점도 그 저의가 의심스러운 부분이다.

존덕정

육각형 지붕이 이중으로 올라간 존덕정은 예전 〈동궐도〉의 모습 그대로다. 겹으로 올려 육중한 느낌의 지붕 안쪽은 황룡과 청룡으로 화려하게 장식했다. 또 한 가지 놓치지 말아야 할 것은 정자 안쪽 한자가 빽빽이 적힌 나무판이다. 아, 물론 이걸 모두 읽고 그 내용을 곱씹어보라는 말은 전혀 아니니 걱정 마시라. 다만 그 제목이 '만천명월주인옹자서(萬川明月主人翁自序)'라는 나무판을 찾으면 그것이 바로 정조가 직접 지은 글이며, 그 뜻은 '만 개의 개울에 비추는 달이 하나인 것처럼 너희들의 임금은 나 하나니, 시내가 달을 따르듯 너희는 나를 따라야 한다'라는 것 정도를 알면 된다.

원래는 기역자형 건물이었으나 역시 일제에 의해 일자형으로 바뀐 폄우사와 당장이라도 날아갈 듯 날렵한 지붕이 인상적인 승재정을 지나면 창덕궁 관람의 종착지, 옥류천이 그 모습을 드러낸다.

안내판 **옥류천 일원**

옥류천이란 후원의 북쪽 깊은 골짜기에 흐르는 시내를 뜻한다. ❶ **1636년**, 거대한 바위인 소요암을 다듬고 그 위에 홈을 파서 휘도는 물길을 끌어들였고 이 물길을 아래로 내려뜨려 작은 폭포가 되게 하고 이 폭포가 떨어진 곳에서 옥류천은 시작된다. 구불구불한 물길 위에 술잔을 띄우고 시를 짓는 놀이인 ❷ **유상곡수연(流觴曲水宴)**이 이곳에서 벌어지기도 했다. 바위에 새겨진 세 글자 '옥류천(玉流川)'은 인조의 친필이고, 오언절구(한 구가 다섯 글자로 된 시)는 일대의 경치를 읊은 숙종의 시다. 소요정, 태극정, 농산정, 취한정 등 작은 정자가 곳곳에 있는, 매우 단아하고 아기자기한 정원이다. 옆에 ❸ **작은 논이 있는 청의정은 현재 궁궐에 남아 있는 유일한 초가집**이다.

안내판 들여다보기

❶ 1636년 1636년은 병자호란이 일어난 해야. 우연의 일치일 수도 있지만, 전쟁 준비 대신 정자를 꾸몄다니, 왠지 기분이 씁쓸하구나.

❷ 유상곡수연(流觴曲水宴) 이런 연회를 했던 곳이 또 있지? 맞아, 경주의 포석정!

❸ 작은 논이 있는 청의정은 현재 궁궐에 남아 있는 유일한 초가집 이 작은 논에서 임금이 직접 농사를 지어 그 볏짚으로 지붕을 올렸대.

옥류천은 구중궁궐 창덕궁의 후원, 그중에서도 가장 깊숙한 골짜기에 있다. 이곳은 자연을 그대로 살리면서 약간의 인공을 가해 만든 전형적인 한국식 정원을 보여준다. 그러니까 바위(소요암)에 조그만 홈을 파서 인공 폭포를 만든 셈인데, 숙종은 높이가 약 3척(약 1미터)이 될까 말까 한 조그만 폭포(?)를 만들고선 '비류삼백척(飛流三百尺, 폭포수 300척)'이라는 시를 지어 당당하게 바위에 새겨 놓았다. 만일 중국이었다면? 아마도 바위 아래를 파서 진짜 300척으로 만들었을지도 모른다.

옥류천 주변, 그야말로 보석처럼 박혀 있는 자그마한 정자들 중에서도 유독 눈길을 끄는 것은 청의정이다. 궁궐에서 유일한 초가지붕에, 게다가 앞에는 작은 논도 있다. 임금이 이 논을 직접 갈아 여기서 수확한 볏짚으로 청의정 지붕을 이었단다. '임금의 농사'라는 것이 백성에게 보여주기 위한 일종의 행사라고만 생각했는데, 이렇게 궁궐 깊은 곳, 물 좋고 숲 좋은 정원에 논을 만들고 초가집을 지어놓은 것을 보니 '임금의 백성 사랑'이 '정치 쇼'만은 아니란 생각이 든다.

자, 이것으로 창덕궁 관람은 모두 끝났다. 언젠가 후원도 자유 관람을 할 수 있다면 어디든 정자에 누워 낮잠을 한번 자보고 싶다. 그러면 꿈에서라도 정조나 숙종임금을 한 번쯤은 만나뵐 수 있지 않을까?

옥류천과 소요정

그림의 떡, 신문고

기억조차 가물가물한 그때 그 시절 국사 시간에 신문고에 대해 들었던 기억이 나는지? 아마도 대부분의 사람들이 '조선 궁궐 앞에는 신문고가 있어서 억울한 백성이 북을 두드리면 나라님이 직접 문제를 해결해주었다'는 식으로 이야기를 들었을 것이다. 물론 이것은 '역사적 사실'이다. 하지만 다른 많은 역사적 사실이 그렇듯이 여기에도 너무나 많은 오해의 소지가 있다.

처음 만든 신문고는 궁궐 앞에 두었으나 아무나 와서 칠 수 있는 게 아니었다. 신문고는 양반을 잡아들이는, 그러니까 포도청보다도 더 무서운 의금부 당직청 앞에 있었고, 소속 관리가 항상 지키고 있었다. 따라서 신문고를 치기 위해서는 정해진 절차를 거쳐야 했다. 서울에 사는 사람은 먼저 담당 관원에서 호소하고, 그래도 안 되면 사헌부에 진정하고, 그래도 민원이 해결되지 않으면 신문고를 울릴 수 있었다. 지방에서는 자기 고을의 수령→관찰사→사헌부의 순서를 밟아야 했다(단, 역모를 고발할 시에는 이런 절차가 필요 없다). 그런데 결정적인 문제는 단계를 거칠 때마다 확인서를 받아야 했다는 점이다. 나중에 문제의 소지가 있는 일에 순순히 확인서를 써줄 관리는 당연히 많지 않았다.

이런 난관을 뚫고 제대로 절차를 밟아 신문고를 울릴 수 있는 백성은 거의 없었다. 그래서 조선의 신문고는 대부분 서울에 있는 전현직 양반 관료들의 몫이었다. 이들이 주로 재산과 관련된 송사에서 억울한 일이 생겨 신문고를 울렸던 것이다. 이마저도 나중에는 국가의 안위나 살인 사건에 관련된 일로만 신문고를 칠 수 있도록 제한했으니, 당연히 신문고는 유명무실해졌고, 결국 숙종 대에는 폐지되기에 이르렀다. 이후 영조 대에 신문고가 부활했으나, 이전의 제약이 여전한데다 그 위치마저 아예 궁궐 안(창덕궁 진선문 옆)이어서 일반 백성에게는 여전히 그림의 떡에 불과했다.

그렇다면 힘없는 백성이 억울함을 호소할 길은 아주 없었을까? 그렇지 않다. 일반 백성이 신문고 대신 애용(?)한 방법은 '격쟁'이었다. 격쟁이란 국왕이 행차할 때 꽹과리 등을 울려 이목을 끈 다음 억울함을 호소하는 것이다. 왕에게 억울한 사연을 전하기 위해서는 먼저 형조의 취조를 거쳐야 했지만, 정조와 같은 왕이 민심 획득을 위해 적극적으로 허용함으로써 더욱 활성화됐다.

하지만 정조 사후 세도정치가 자리를 잡으면서 격쟁은 제한되고 백성의 언로는 막히게 된다. 그런 탓에 백성들은 자신의 억울함을 풀기 위해 합법적 방법 대신 불법적 방법을 다양하게 이용했다. 악덕 지주나 탐관오리의 죄를 고발하기 위해 상급 기관에 떼를 지어 몰려가거나(오호, '떼법'의 역사가 여기서부터 시작됐구나), 나쁜 소문을 퍼뜨리거나, 비리 혐의자를 욕하는 글을 뿌리거나 붙였다. 이런 방법으로 문제가 해결됐을까? 불행히도 아니다. 그래서 백성들은 결국 '민란'이라는 한층 더 적극적인 방법으로 대응하게 된 것이다.

알쏭달쏭,
왕실 호칭 총정리

'상감마마', '중전마마', '세자저하' 등 사극에서 단골로 등장하지만, 알듯 말듯 헷갈리기만 한 왕실 관련 호칭. 여기서 확실하게 정리하고 넘어가자. 우선 왕족을 부르는 수많은 이름부터.

국왕은 보통 상(上), 상감(上監), 대전(大殿), 주상(主上) 등으로 불렸다. 여기에 존칭어인 '마마'나 '전하'를 붙이면 '상감마마', '주상전하' 등이 되는 것이다. 이밖에도 자상(自上)이나 대조(大朝)라고도 불렸다(참, 별칭이 많기도 하다).

왕비의 대표 호칭은 '중전(中殿)'이다. 이는 왕비의 처소가 궁궐 중심에 있었기 때문에 붙은 이름이라고. 그리고 곤전(坤殿), 내전(內殿), 중궁전(中宮殿), 후(后) 등도 왕비를 가리키는 이름이다.

대비(大妃)는 왕의 어머니나 할머니를 통칭하는 말이다. 보통 어머니는 왕대비(王大妃), 할머니는 대왕대비(大王大妃)가 된다. 왕대비는 웃전, 대비전(大妃殿), 자전(慈殿) 등으로 부르기도 한다.

왕과 왕비의 맏아들은 태어나자마자 원자(元子)라는 호칭을 얻었다. 그리고 세자로 책봉되면 동궁(東宮), 춘궁(春宮), 국본(國本) 등으로 불렸다. 혹 연로한 왕을 대신해 대리청정을 맡게 되면 호칭이 저군

(儲君)이나 소조(小朝)라 바뀌었다. 세자의 아내인 세자빈은 빈궁(嬪宮)이라고도 불렀다.

왕의 적자, 그러니까 왕비와의 사이에서 태어난 아들은 대군(大君)이고 딸은 공주(公主)라 했다. 후궁과의 사이에서 태어난 왕자들은 그냥 군(君), 딸은 옹주(翁主)라 불렀다. 그렇다면 왕세자의 아들, 딸은? 군(君)과 현주(縣主)라 불렀다.

대원군(大院君)은 왕실의 직계가 아닌 방계에서 왕이 나왔을 때 그 생부를 일컫는 말이다. 조선 역사를 통틀어 대원군은 모두 네 명이었는데, 그중 살아서 대원군이라 불린 사람은 고종의 아버지인 흥선대원군이 유일했다.

이쯤에서 호칭이 정리됐으면 존칭으로 넘어가자. '마마'는 남녀를 막론하고 왕족의 명칭 뒤에는 붙는 최고의 존칭어다. '상감마마', '대왕대비마마' 등으로 쓰인다. 그럼 여기서 퀴즈 하나. 마마와 마마님은 같은 말일까, 다른 말일까? 정답은 다른 말. 마마는 왕족에 대한 극존칭, 마마님은 궁녀가 상궁을 부를 때 쓰는 존칭이었다. 그러니 마마님보다 마마가 훨씬 높은 존칭이 된다. 비슷한 말로는 '마노라'가 있는데, 마마보다 한 단계 낮은 존칭어였단다. '아기씨'는 '원자아기씨', '공주아기씨'처럼 결혼 전 왕의 자녀에게 붙이는 존칭이다.

마지막으로 '하(下)' 자 돌림 존칭어를 정리하면 다음과 같다. 폐하(陛下, 황제) > 전하(殿下, 왕) > 저하(邸下, 왕세자) > 각하(閣下, 고위관리) = 합하(閤下). 하(下) 자를 붙이는 것은 상대방을 높이기 위해 스스로를 낮추는 것이다. 폐는 황제가 오른 계단을, 나머지 '전, 저, 각, 합'은 건물을 뜻하는 말이다.

3장

창경궁

장희빈의 저주, 사도세자의 비극

- 관람 시간 09:00~21:00, 매주 월요일 휴궁
- 해설 시간 10:30, 11:30, 13:00, 13:30, 14:30, 15:30, 16:30
- 관람료 어른(만 25~64세) 1,000원, 어린이·청소년·노인 무료

서울에 남아 있는 조선의 어느 궁궐이 그렇지 않겠느냐마는, 창경궁이야말로 조선의 역사, 그 영욕의 세월을 온몸으로 고스란히 보여준다. 인조반정 이후 이괄의 난 때는 반란군의 침입으로 건물들이 불탔고, 영조의 아들 사도세자가 비극적인 최후를 맞았으며, 한류 스타(?) 대장금이 중종을 치료했던 곳 또한 바로 여기 창경궁이었다.

창경궁,
알고 가면 좋은
이야기 둘

창경궁이야, 창경원이야?

요즘 아이들이야 그렇게 부를 리 없겠지만, 아직도 옛날 이름이 입에 익은 어른들에게서는 '창경원'이란 말을 들어볼 수도 있다. 그러면 아이가 이렇게 물을지도 모른다. "아빠, 왜 창경궁을 창경원이라 그래?" 그럴 때는 조금 근엄한 표정을 지으며 대답하자.

"응, 우리가 일제에 나라를 빼앗겼을 때 창경궁은 창경원이 돼버렸단다."

창경궁이 창경원으로 바뀐 슬픈 역사는 지금으로부터 100여 년을 거슬러 올라간 1907년에 시작된다. 이때 일제는 국권 회복을 위해 백방으로 노력하던 고종황제를 강제로 폐위하고 그 아들 순종을 이름뿐인 황제로 앉혔다. 그러면서 당시 경운궁(덕수궁)에 머물던 순종을 창덕궁으로 옮기고 '임금을 위로한다'는 명목으로 바로 옆 창경궁에 동물원과 식물원을 짓기 시작했다. 이 과정에서 대부분의 전각들이 헐려나가고, 나중에는 궁궐의 이름마저 창경궁에서 창경원으로 바뀌어버렸다. '원(苑)'이란 사냥이나 소풍을 위한 공간, 즉 요즘 말로 하면 놀이동산쯤에 해당한다. 임금이 사는 지엄한 궁궐이 한순간에 테마파크가 돼버린 것이다. 그것도 '임금을 위로한다'는 명분으로. 이후로도 오랫동안 창경원으로 남아 있던 창경궁은 1983년 복원 공사를 시작하면서 원래의 이름을 되찾게 됐다.

따로 또 같이, 창덕궁과 창경궁

혹시 창경궁과 창덕궁이 딱 붙어 있는 것이 좀 이상하게 느껴진 적은 없는지? 담장 하나를 사이에 두고 창덕궁과 나란히 창경궁을 지은 건 성종 때 '대비마마'가 세 명으로 늘어나면서 딸린 식솔들까지 늘어 창덕궁이 비좁아진 탓이다. 그래서 바로 옆에 또 하나의 궁궐을 짓게 됐다. 창덕궁에 왕과 왕비가 머물며 국정을 챙겼다면, 창경궁에는 주로 왕실 가족이 머물렀다. 정전 등 중심부가 조선의 궁궐 중에서 유일하게 동향으로 지어진 것도 특이하다.

이렇게 창경궁은 창덕궁과 합쳐 하나의 궁궐처럼 이용됐다. 덕분에 둘을 합쳐서 도성의 동쪽에 있다 하여 '동궐'이라 부른다. 마찬가지 이유로 서울의 서쪽에 있는 경희궁은 서궐이라 한다. 경복궁은 북궐이라고 하는데, 이는 경복궁이 북쪽에 있이서가 아니라, 예전부터 왕이 머무는 곳을 북궐이라고 불렀기 때문이란다.

창경궁 옛 모습

1900년대 초에 제작된 〈동궐도형〉의 창경궁 모습. 현재보다 훨씬 더 많은 건물이 보인다. 후원은 창경궁과 창덕궁이 함께 사용했다.

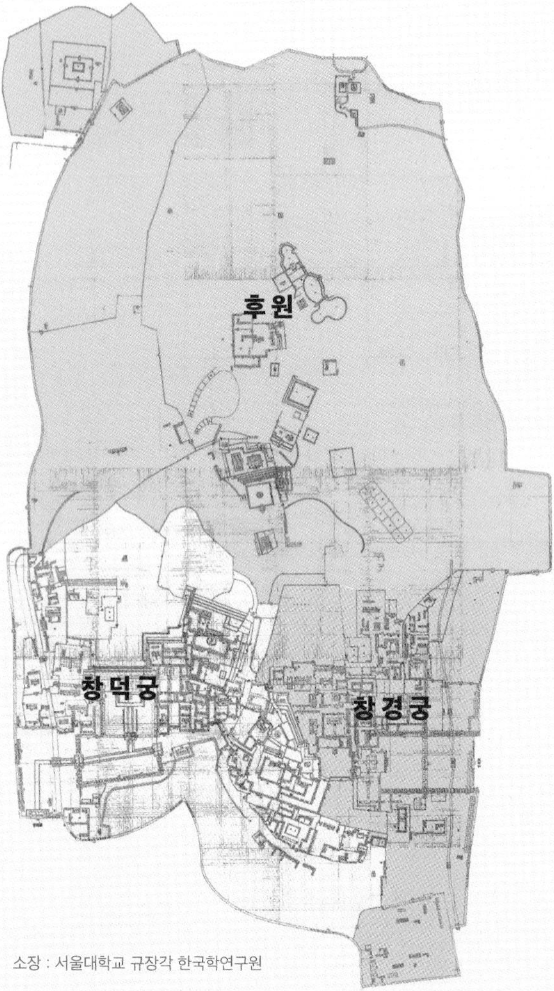

소장 : 서울대학교 규장각 한국학연구원

창경궁 현재 모습

'창경원'이었던 창경궁이 제 이름을 찾은 것은 1980년대의 일이다. 춘당지 등 창경궁 북쪽에 있는 후원은 원래 창덕궁 후원과 합쳐서 동궐(창덕궁과 창경궁)의 후원을 이루었다.

숨겨진 역사의 현장, 창경궁 걷기

자, 이제는 아이의 손을 잡고 창경궁을 걸어볼 시간. 사람들로 붐비는 휴일이라도 상대적으로 더 북적이는 창덕궁에 비해 창경궁은 여유 있는 관람을 즐길 수 있다는 것이 장점이다. 창경궁의 함양문을 통해 창덕궁으로 들어갈 수도 있어, 동궐을 한꺼번에 보기 편하다. 단, 이때는 별도로 창덕궁 입장권을 구입해야 한다.

'창경궁 가족 유람단'을 가장 먼저 맞아주는 것은 창경궁의 정문인 홍화문. 경복궁이나 창덕궁의 정문보다는 작지만, 아담한 모습이 아름답다. 하늘을 향해 날아갈듯 날렵한 홍화문 안으로 들어가기 전에, 창경궁을 설명하는 첫 안내판을 먼저 읽어볼까?

창경궁 전경

안내판

창경궁

본래 창경궁 터에는 1418년에 세운 수강궁(壽康宮)이 있었다. 수강궁은 세종 때 ❶ **상왕(上王)** 태종을 위해 창덕궁 동편에 창건한 궁이었다. 1483년에 성종이 ❷ **세 명의 대비**를 위해 이 터에 크게 궁궐을 다시 짓고 창경궁이라 불렀다. 창경궁은 창덕궁과 사실상 하나의 궁궐을 이루어 이 둘을 합쳐서 ❸ **동궐(東闕)**이라 했고, 후원의 정원도 공동으로 이용했다. 창경궁은 창덕궁의 부족한 생활 공간을 보충해 왕과 왕비뿐 아니라 후궁, 공주, 궁인의 처소로도 사용했다. 경복궁처럼 일정한 원칙을 좇아 경영된 궁궐과 달리, 창경궁은 형식과 제도 면에서 비교적 자유롭게 세워지고 이용된 궁궐이었다. 궁궐은 남향이 원칙이지만, 창경궁의 중심 부분은 특이하게 동향으로 배치돼 있다. 동쪽에 왕실 동산인 함춘원(含春園)과 낙산이 자리를 잡고 있어 그곳을 바라볼 수 있도록 지었기 때문이다. 그러나 다른 생활 공간들은 남향으로 배치돼 있다. 창경궁은 자연 지형을 따르면서도 생활의 편의를 추구해 궁궐을 조성했기 때문에 아름다움과 친근함을 두루 갖춘 궁궐이 됐다. 임진왜란(1592) 때 서울의 다른 궁궐과 함께 불에 탔다가 1616년에 재건됐다. 이때 다시 세운 명정전, 명정문, 홍화문 등은 창경궁의 현존하는 가장 오래된 궁궐 건물들에 속한다. 창경궁의 전성기는 1830년대였다. ❹ **<동궐도(東闕圖)>**에는 여러 대비궁, 후궁과 공주들의 처소, ❺ **궐내각사** 등이 촘촘하게 들어서고 곳곳에 정원 시설이 조화를 이룬 당시 모습이 잘 묘사돼 있다. 일제강점기에 창경궁 안의 건물들을 대부분 헐어내고 동물원과 식물원을 설치해 시민 공원으로 바꾸고, 이름마저 창경원(昌慶苑)으로 격하했다. 또한 종묘와 연결된 땅의 맥을 끊고 그 사이에 도로를 개설해 궁궐의 품격을 훼손했다. 1983년부터 동물원을 이전하고 본래의 궁궐 모습을 되살리는 노력을 계속하고 있다. 비록 아직 많은 유적들을 복원하지 못했지만, 아름다운 자연과 어우러진 창경궁의 모습에서 왕실 생활의 체취를 느낄 수 있다.

안내판 들여다보기

❶ 상왕(上王) 국왕이 살아생전에 왕위를 물려주었을 때 '상왕'이라고 해. 조선 초기의 세 임금인 태조와 정종, 태종 모두 후임 왕에게 왕위를 넘기고 상왕이 됐지.

❷ 세 명의 대비 성종임금은 13세에 왕위에 올랐어. 직전 왕이었던 예종의 아들이 아니라 조카였는데, 할머니(예종의 어머니 정희왕후)가 특별히 지명해서 왕위에 올랐지. 그래서 할머니인 정희왕후, 예종의 왕비, 친어머니, 이렇게 세 분의 대비가 계셨대.

❸ 동궐(東闕) 서울의 동쪽에 있다고 해서 동궐이지. 서쪽의 경희궁은 서궐이라 불렀어.

❹ 〈동궐도(東闕圖)〉 〈동궐도〉는 궁궐 화가들이 서울 동쪽의 창덕궁과 창경궁을 자세히 그린 그림이야. 19세기 초에 총천연색으로 돌덩이 하나까지 아름답게 표현한 이 그림은 창경궁을 복원하는 데 큰 도움이 됐지.

❺ 궐내각사 왕실과 밀접하게 관련 있는 관청을 궁궐 안에 설치해 궐내각사라고 했어. 비서실인 승정원, 서적 편찬을 맡았던 홍문관, 의료 기관인 내의원 등 크고 작은 기관들이 있었대.

서울의 어느 궁궐이 그렇지 않겠느냐마는, 창경궁만큼 어느 전각, 어느 대문 하나에도 구구절절 역사가 담겨 있는 궁궐도 드물다. 경복궁이나 창덕궁에 비하면 규모가 작은 편인데도 그렇다. 성종임금 때 처음 세워져 임진왜란 때 불탔다가 일제강점기를 거치면

홍화문

서 창경원으로 전락하는 수모를 겪은 이야기는 이미 앞에서 소개했으니, 여기서부터는 하나하나 구체적인 장소를 짚어가면서 이야기를 풀어보자.

우선 창경궁의 정문인 홍화문을 통과하기 전에 잠깐 멈춰 서서 길 건너를 바라보자. 조선시대에는 홍화문 맞은편은 왕실 정원 함춘원으로 이어졌는데, 여기에 활터를 세우고 무과 시험을 치렀다고 한다. 사내아이라면 무과 시험에 관심을 보일 터. 이렇게 한마디 덧붙여주는 것은 어떨까?

"조선시대 무과 시험은 말 타기와 활쏘기 같은 무예만 보는 것이 아니라, '강서(講書)'라는 필기 시험도 같이 봤어. 여기에는 병서뿐 아니라 유교 경전도 포함됐지. 그래서 이순신 장군처럼 '문무를 함께 갖춘 인재'가 시험을 통과할 수 있었던 거야."

홍화문 앞마당에서는 국왕이 백성을 직접 만나기도 했다. 정조는 어머니인 혜경궁 홍씨의 회갑 때 직접 나와 가난한 백성에게 쌀을 나누어주었고, 영조는 균역법 실시를 놓고 이곳에서 백성들을 만나 그들의 의견을 직접 들었다. 영조가 추진하던 균역법은 가난한 백성의 부담을 더는 대신 부자 양반에게 더 많은 세금을 걷는 법이었다. 백성들은 당연히 찬성했고, 덕분에 양반들이 반대하는 균역법을 시행할 수 있었다고 한다. 음, 훌륭한 임금이라 하지 않을 수 없다. 자, 이제 홍화문으로 들어가서 오른쪽에 있는 안내판을 읽어보자.

안내판 **홍화문과 외행각**

창경궁의 중심 부분이 ❶ **동향**이기 때문에 정문인 홍화문(보물 384호)도 동쪽으로 세워졌다. 1616년에 다시 세워진 이 문 앞에서 ❷ **국왕이 일반 백성들을 친히 만나기도 하고** 앞에 있는 왕실 언덕인 함춘원에 활터를 세워 무과 시험을 치르기도 했다. 규모는 ❸ **세 칸 대문**이지만 좌우에 한 쌍의 ❹ **십자각을 세워 '궐(闕)'이라는 품격 높은 대문 형식을 갖추었다.** 대문 안쪽에 명당수인 금천을 흐르게 하고, 그 위에 옥천교(玉川橋, 보물 386호)를 건너는 상징적인 마당을 만들었다. 이 마당을 둘러싼 ❺ **외행각**은 궁궐을 지키는 관원들이 사용했다.

안내판 들여다보기

❶ 동향 황제나 왕은 항상 남쪽을 봐야 하기 때문에 궁궐 정전은 남향이 원칙이었어. 창경궁의 중심 부분이 동향인 것은 풍수지리 때문이라고 추정돼.

❷ 국왕이 일반 백성들을 친히 만나기도 하고 정조임금은 어머니 혜경궁 홍씨의 회갑을 맞아 홍화문 밖에 나가 가난한 백성에게 쌀을 나누어주었다는구나.

❸ 세 칸 대문 건물의 기둥과 기둥 사이를 '칸'이라고 해. 홍화문이 세 칸이라는 얘기는 기둥이 네 개 그리고 그 사이에 들어가는 문이 세 개라는 거지. 바로 옆 창덕궁의 정문 돈화문이 다섯 칸인 것에 비하면 작은 편이야.

❹ 십자각을 세워 '궐(闕)'이라는 품격 높은 대문 형식을 갖추었다. 앞서도 말했지만, '궁'은 왕과 왕족이 살면서 업무를 보는 공간, '궐'은 궁을 지키는 담장이나 망루 등의 방어용 시설을 뜻한단다. 십자각이란 궁을 지키는 망루를 말하는 거야.

❺ 외행각 궁궐의 긴 복도를 '회랑'이라 하고, 이 회랑을 막아서 창고처럼 쓰는 것을 행각이라고 해. 외행각은 궁궐 바깥을 두르는 행각을 말하지.

자, 이제 옥천교를 건너기 전, 홍화문 외행각에 붙어 있는 〈동궐도〉 사본을 구경해보자. 그리고 다시 왔던 길을 되짚어 옥천교를 건너면, 창경궁의 중심 건물인 명정전이 우리를 기다리고 있다.

안내판 **명정전 일원**

1616년에 재건된 명정전(국보 226호)은 창경궁의 중심 전각으로 각 궁궐에 남아 있는 ❶ **정전** 가운데 가장 오래된 건물이다. 단층의 단아한 규모지만 2단으로 쌓은 ❷ **월대** 위에 세워 정전의 위용을 갖추었다. 앞쪽에 펼쳐진 조정(朝廷)에는 박석(薄石)을 깔고 중앙에 행차용 ❸ **삼도(三道)**를 두어 왕궁의 격식을 갖추었다. 뒤쪽은 다른 건물로 연결되는 복도를 달아 통행의 편리함을 추구했다. 명정문과 행각(明政門, 行閣, 보물 385호)이 조정을 둘러싸고 있으며, 행각들은 왕실 친위부대의 주둔지나 왕실의 초상을 치르기 위한 ❹ **재실**로도 쓰였다.

안내판 들여다보기

❶ 정전 국왕의 즉위식, 큰 조회, 궁중 연회 등의 공식 행사를 했던 건물을 정전이라고 하지.

❷ 월대 월대는 건물 앞에 넓게 설치한 돌 기단이라고 했던 것, 기억하지?

❸ 삼도(三道) 가운데는 임금, 오른쪽은 문신, 왼쪽은 무신이 다니는 길이어서 삼도야.

❹ 재실 재실은 왕실의 관리가 머물면서 제사를 준비하던 곳이야.

안내판을 읽고 명정문을 들어서면 경복궁 근정전보다는 사뭇 아담한 명정전이 방문객을 맞는다. 명정전이 이렇게 '아담한 크기'인 것은 앞서 이야기했듯 창경궁이 국왕의 통치 공간보다는 왕족의 생활 공간으로 지어졌기 때문이다. 하지만 조정과 박석, 삼도, 월대 등 정전의 필수 요소는 다 갖추었다.

명정전 월대에 올라 임금처럼 홍화문 방향을 바라보면 조정을 둘러싼 회랑과 행각이 보인다. 보통 행각은 창고로 썼지만 정조 때 명정전의 행각은 특별한 용도로 쓰였다. 바로 왕실의 친위부대인 '장용영'이 이곳에 주둔했던 것이다.

명정전

명정문과 행각

아버지 사도세자의 비극적 죽음을 직접 목격했던 어린 정조는 천신만고 끝에 옥좌에 오른 뒤에도 반역과 암살 위협에 시달렸다. 실제로 무장한 괴한들이 궁궐에 난입하는 일까지 벌어졌다. 이런 일을 겪은 정조가 자신과 왕실을 지킬 친위부대를 창설한 것은 당연한 일. 정조 8년(1784)에 실시한 무과에서 무려 2,000여 명의 무예가 뛰어난 인물들을 선발해 친위부대를 만들고 장용영이라 이름 지었다. 정예병으로 구성된 장용영 중 일부가 이곳 명정전의 행각에 머물며 정조의 목숨을 지켰던 것이다. 천하의 나라님이 암살 위협에 시달린다? 이런 비상식적인 상황을 어떻게 아이에게 설명할 수 있을까?

"원래 국왕의 자리란 편하거나 안전한 곳이 아니야. 새벽부터 밤까지 격무에 시달렸을 뿐 아니라 언제 반란이 일어날지, 혹 누군가 음식에 독을 넣은 것은 아닌지 늘 불안했지. 오죽했으면 기미상궁이 끼니마다 독이 든 것은 아닌지 임금의 음식을 미리 먹어봐야 했을까? 이건 꼭 우리나라만 그런 건 아니야. 세계 어느 나라, 역사상 어느 국가도 임금이란 늘 불안한 자리였단다."

명정전은 정조뿐 아니라 '개혁 군주 정조'를 롤 모델로 삼았던 고종과도 깊은 인연이 있다. 때는 바야흐로 쇄국과 개화의 대결이 한창이던 고종 19년(1882), 당시 신식 군대와의 차별 대우에 불만이 쌓여만 가던 조선의 관군은 1년 가까이 밀린 급료로 받은 쌀에 돌이 더 많이 섞여 있는 것을 보고 폭발해버렸다. '임오군란'으로 불리는 이 사건에서, 개화 정권을 이끌며 반란군의 표적이 됐던 민비(명성황후)는 신하의 등에 업혀 가까스로 몸을 피하고, 그녀의 정적이었던 대원군이 정권에 복귀한다. 이 과정에서 왕비의 안전을 염려한 고종은 대원군에게 거짓으로 황후가 죽었다고 보고하니, 대원군은 창경궁에 빈전을 차리고 장례식을 거행하는데, 바로 이곳 명정전을 망곡처(望哭處)로 삼았다 한다. 살아 있는 왕비의 명복을 빌기 위해 국왕이 곡을 하는 기막힌 사건이 바로 이곳에서 벌어진 것이다.

다른 궁궐의 정전보다는 작지만 영욕의 역사가 아로새겨진 명정전. 그 왼쪽에는 어쩌면 그보다 더 기구하다 할 사연을 간직한 문정전이 있다.

안내판 **문정전 일원**

문정전은 임금이 신하들과 회의를 열고, 국가 정책의 의견을 나누던 창경궁의 ❶ **편전(便殿, 집무실)**으로 동향인 명정전과 달리 남향 건물이다. 편전이면서도 왕실의 혼전(魂殿, 죽은 사람의 이름 등을 적은 신주를 모시는 곳)으로도 자주 쓰였다. 아버지 영조의 손에 죽임을 당한 ❷ **사도세자의 비극도 문정전이 혼전으로 쓰이던 것과 관련이 있다**. 문정전 일원은 일제강점기에 훼손됐고 1986년 건물은 다시 세웠으나, 서쪽에 있던 담장과 화계 정원을 아직 다시 짓지 못하고 있다.

안내판 들여다보기

❶ 편전(便殿, 집무실) '편전'이란 국왕이 신하들과 국정을 논하는 곳이야. 궁궐의 중요한 건물에는 '전' 자를 붙이는데, 공식 행사를 치르는 건물은 정전, 국왕의 사생활 공간은 대전, 왕비의 거처는 중전이라고 하지.

❷ 사도세자의 비극도 문정전이 혼전으로 쓰이던 것과 관련이 있다. 여기에 대해서는 이제부터 자세하게 설명하려 해~.

방금 살펴본 문정전의 안내판에 나오는 '아버지 영조의 손에 죽임을 당한 사도세자의 비극도 문정전이 혼전으로 쓰이던 것과 관련이 있다'는 말은 무슨 이야기일까? 자기를 낳아준 친아버지이자 국왕에게, 그것도 하필이면 쌀뒤주 속에 갇혀 비극적 최후를 맞이한 왕세자에게는 어떤 기구한 사연이 숨어 있는 것일까?

사건의 직접적 발단은 바로 이곳, 창경궁 문정전에서 일어났다. 영조 38년(1762) 이곳에는 영조의 첫 왕비인 정성왕후 서씨의 위패를 모시고 있었다. 이름도 문정전이 아니라 휘령전이었다. 당시 경희궁에 머물고 있던 영조는 이곳에 자주 들러 창경궁에 있던 사도세자와 함께 참배를 하곤 했다. 그러던 어느 날 영조가 휘령전에 들렀을 때 세자가 병을 이유로 늦게 나타나자 화가 난 영조는 사도세자에게 칼로 자결하라 명령했다. 허걱, 지각 한 번에 자결을 명해? 물론 그날의 사건은 빙산의 일각, 아니 켜켜이 쌓여 있던 화약을 폭발시킨 작은 부싯돌에 불과했다.

문정전

문정전 내부

영조가 사도세자를 처음부터 미워한 것은 아니었다. 마흔을 넘어 얻은 늦둥이 세자는 어려서는 천재 소리를 들을 만큼 영특함을 자랑했다. 이런 세자를 위해 영조는 읽을 만한 책을 밤새워 베껴 써주기까지 했다. 하지만 이런 극진한 애정이 문제를 일으켰다. 영조의 기대 수준은 나날이 높아갔고, 사도세자가 이에 부응하지 못하는 일이 점점 많아졌던 것이다. 과도한 애정은 질책으로 바뀌었다. 혼나는 날이 늘어가면서 세자는 아버지를 무서워하기 시작했다. 아버지가 무서우니 묻는 말에 대답도 제대로 못 할 때가 많았고, 이런 아들을 보면서 영조는 더욱 매섭게 질책했다.

사도세자가 장성해서 나이 든 영조를 대신해 국정을 처리하게 된 뒤부터 둘 사이는 더욱 나빠졌다. 영조는 세자의 일 처리에 사사건

건 트집을 잡았고, 사도세자는 아버지가 무서워 잠을 못 이룰 정도가 됐다. 세자의 불안과 두려움은 정신 질환 수준에 이르렀다. 옷 입기를 두려워해 옷을 찢는 일이 다반사였고, 이를 말리는 내관들을 죽이기까지 했다. 증세는 점차 심해졌다. 폭행과 성폭행, 살인이 잇따랐고, 이렇게 죽인 사람 수가 100여 명에 달할 정도였다.

일부 역사학자들은 이런 기록이 과장이며, 사도세자는 당파 싸움의 희생양이라 주장하기도 한다. 하지만 그렇다고 보기에는 관련 기록이 매우 많고 일관된다. 심지어 2014년에는 사도세자의 정신병을 다룬 정신건강의학과 전문의들의 논문이 나오기도 했다. 여기서 전문의들은 옛 기록에 나타나는 사도세자의 증상이 현대 의학에서 정의하는 정신병 증상과 놀랄 정도로 일치하며, 따라서 허구로 보기 어렵다고 주장했다.

아버지의 과도한 기대와 엇나간 애정은 결국 비극을 불러왔다. 아버지가 국왕이었기에 아들은 어디 도망갈 곳조차 없었다. 결국 사도세자는 뒤주에 갇혀 물 한 모금 못 마시고 여드레 만에 죽었다. 눈에 넣어도 아플 것 같지 않은 세손(훗날 정조)이 "제발 아비를 살려주시옵소서" 하고 울며 매달렸지만 소용이 없었다.

어둡고 우울한 이야기를 품고 있는 문정전을 지나면 우울한 가슴을 탁 트이게 만드는 넓은 뜰이 나온다. 여기서부터 창덕궁의 낙선재까지는 원래 창경궁의 동궁 영역으로 왕세자가 머물면서 정무를 보던 곳이다. 일제는 바로 이곳에 동물원을 만들었고, 광복 이후에도 한동안 유지되면서 창경원은 동물원의 대명사가 되기도 했다(남의 나라 궁궐을 동물원으로 만들어버린 놈들도 흉악하지만, 광복 후에도 그걸 수십 년 동안 지켜만 보았던 우리도 별로 잘한 것 같지는 않다).

지금 이 뜰에는 하늘과 별을 보던 관천대만이 외롭게 남아 자리를 지키고 있다. 그렇다. 하늘과 별을 생각하면 인간의 일이란 비극도 행복도 모두 우주가 꾸는 찰나의 꿈에 불과할지 모른다.

안내판 **관천대**

1688년 축조된 창경궁 관천대(보물 851호)는 대 위에 ❶ **소간의(小簡儀)**를 설치해 천체를 관측하던 시설이다. 계단과 난간만으로 구성한 건축물로 간결하고 힘찬 조형미가 느껴진다. 일제강점기에 다른 곳으로 옮겨졌던 것을 창경궁 정비 사업 때 제자리로 옮겨왔다. 이보다 조금 북쪽에는 보루각(報漏閣) 터가 있었는데, 그 안에는 자동으로 시간을 알려주던 ❷ **자격루(自擊漏)**를 두었다.

안내판 들여다보기

❶ 소간의(小簡儀) '간의'란 세종대왕 때 장영실 등이 만든 천문 관측 기구야. 그럼 소간의란? '작은 간의'지 뭐.

❷ 자격루(自擊漏) 자격루는 세종대왕 때 장영실 등이 만든 물시계야. 그럼 해시계 이름은? 앙부일구!

관천대

관천대를 잠시 보고 다시 왔던 방향으로 돌아가면 숭문당과 함인정 일원에 도착한다. 자, 그럼 다시 보물찾기하는 기분으로 안내판을 읽어볼까?

안내판 **숭문당과 함인정**

숭문당과 함인정은 명정전의 후전(後殿)에 해당하는 건물이다. 숭문당은 임금이 신하들과 ❶ **경연**을 열어 정사와 학문을 토론하던 곳으로 1830년에 다시 세웠다. 앞쪽에 설치한 ❷ **누각**형 툇마루로 출입했고, 영조임금의 친필 현판이 현재까지 남아 있다. 함인정은 문무 과거에 급제한 신하들을 접견하던 곳으로 1833년에 다시 세웠다. '세상이 임금의 어짊과 의로움에 흠뻑 젖는다'는 건물 이름의 뜻을 상징하듯, 사방이 터진 개방형 건물이다.

안내판 들여다보기

❶ 경연 왕과 신하가 함께 학문을 공부하는 것을 경연이라고 해. 경연 때는 공부를 하면서 나랏일도 함께 의논했대.

❷ 누각 누각이란 문과 벽이 없이 사방으로 탁 트이고 높이 지은 집을 말해.

함인정

숭문당 현판

'학문을 숭상한다'는 뜻의 숭문당 현판은 영조의 친필이라고 한다(명정전을 보고 와서 그런지 뭔가 묘한 기분이 드는 것도 같다). 이웃한 함인정은 너른 마당 위에 사방이 트이게 지어 시원스러운 모양이다. 지금 우리가 보는 궁궐의 빈 공간은 원래 건물이 빽빽이 차 있던 곳을 미처 복원하지 못한 경우가 대부분인데, 함인정 앞은 처음부터 너른 마당이었다고 한다. 덕분에 여기서 과거 합격자 발표를 하기도 했고, 민간이 참여하는 궁중 행사도 열었다고. 이와 관련해 재미난 기록이 전한다. 한번은 대비마마가 왕실 여인들을 위해 함인정 마당에서 연회를 베풀었는데, 어찌나 사람이 많았는지 한

부인이 가마를 타고 도착해보니 남의 집이었단다. 연회에는 술이 따르게 마련이니, 아마도 술에 취해 남의 가마에 올랐을 수도 있겠다. 함인정 북쪽으로는 경춘전과 환경전이 이어진다.

안내판 **경춘전과 환경전**

경춘전은 대비의 침전이고, 환경전은 왕과 왕비의 침전이다. 두 건물 모두 ❶ **1834년에 다시 세웠고**, 원래는 각기 행각을 두른 독립된 영역을 가졌었다. 경춘전은 왕비의 산실청(産室廳, 왕비와 세자빈의 출산을 위해 임시로 설치한 관청)으로도 쓰여 정조와 헌종이 이곳에서 탄생했다. ❷ **정조는 본인의 탄생을 기념해** 내부에 '탄생전(誕生殿)'이라고 친히 쓴 현판을 걸었다. ❸ **경춘전 현판은 순조임금의 솜씨**다. 환경전은 중종과 소현세자가 돌아가신 곳이며, 건물 뒤편 북쪽은 여러 대비들의 침전이 밀집해 있었으나 지금은 빈터로 남았다.

안내판 들여다보기

❶ 1834년에 다시 세웠고 1830년 환경전에서 난 불이 경춘전까지 태웠대. 그래서 4년 후에 다시 지은 거야.

❷ 정조는 본인의 탄생을 기념해 사도세자가 용이 침실로 들어오는 태몽을 꾸고 정조가 태어났대. 그래서 경춘전 동쪽 벽엔 용 그림이 있었다는구나.

❸ 경춘전 현판은 순조임금의 솜씨 정조의 뒤를 이은 순조가 아버지의 태몽 이야기를 듣고 현판을 썼다고 해.

경춘전과 환경전은 창경궁의 내전을 이루는 침전으로 왕족의 생로병사가 이루어진 곳이다. 먼저 함인정을 마주 보는 환경전을 살펴보자. 우선 눈에 띄는 건 왕과 왕비의 침전인데도 용마루가 '있다'는 사실(앞서 살펴봤듯이 경복궁의 침전인 강녕전과 교태전에는 용마루가 없다). 하지만 환경전을 보면서 정말 기억해야 할 것은 이곳에서 일어난 두 사람의 죽음이다.

먼저 왕의 죽음. 즉위 39년 만에 57세의 나이로 세상을 떠난 중종의 죽음은 그리 갑작스럽거나 비극적인 것은 아니었다. 요즘으로 치면 이른 나이에 죽은 셈이지만 조선 국왕의 평균 수명이 47세에 불과했다는 사실을 고려하면 오히려 호상으로 볼 수도 있다. 그런 중종을 마지막까지 지킨 이가 바로 대장금이다.

공전의 히트를 기록한 사극의 주인공이며, 역시 흥행 돌풍을 일으킨 뮤지컬의 주인공이자 한류 스타(?)로 전 세계에 알려진 대장금은 조선시대 의녀 중 유일하게 왕의 주치의 역할을 했던 사람이다. 대부분 노비 출신인 의녀가 의관으로서 일하는 것은 거의 불가능했으나, 중종은 마지막까지 대장금을 믿고 의지했다고 한다. 《조선왕조실록》에는 중종이 대장금에게 치료를 받고 상을 내린 기록이 여러 차례 나온다. '한류 스타' 대장금이 중종을 진료한 곳이 바로 환경전이었다.

중종이나 대장금에 비하면 소현세자는 낯선 이름이다. 소현세자는 병자호란 때 '삼전도의 굴욕'을 겪은 인조의 맏아들. 이후 청나

경춘전(왼쪽)과 환경전(오른쪽)

라에 볼모로 끌려갔다가 9년 만에 돌아왔으나, 귀국 후 두 달 만에 병이 나서 3일 만에 숨진 비운의 왕세자다. 예전에 인기를 끈 드라마 〈추노〉에서 언급돼 그나마 조금 대중에게 알려졌지만, 아직 중종이나 대장금에 비할 정도는 못 된다. 하지만 우리 역사에서 갖는 의미로 본다면 소현세자가 훨씬 더 중요한 인물이었다고 말할 수 있을 것이다. 드라마에서 아버지 인조의 손에 암살된 것으로 그려진 소현세자가 죽은 곳 또한 바로 이곳 환경전이었다.

소현세자는 정말 암살된 것이었을까? 만약 그렇다면 그를 암살한 이는 정말 아버지 인조였을까? 물론 정확한 것은 알 수 없다. 하지만《조선왕조실록》에 실려 있는, 당시 소현세자의 염습에 참여했던 사람의 증언을 보면 독살됐다는 의심이 들 수밖에 없다.

'온몸이 전부 검은빛이었고 이목구비의 일곱 구멍에서는 모두 선혈이 흘러나오므로, 검은 멱목(幎目, 시신의 얼굴을 싸는 덮개)으로 그 얼굴 반쪽만 덮어놓았으나, 곁에 있는 사람도 그 얼굴빛을 분변할 수 없어서 마치 약물에 중독돼 죽은 사람과 같았다.'

만약 그렇다면 소현세자를 누가, 왜 독살했을까? 이것을 짐작하려면 당시의 시대 상황을 살펴야 한다. 소현세자의 귀국 시점에서 인조와 집권 세력 서인은 아직도 삼전도의 굴욕을 잊지 못하고 오매불망 청나라에 원수를 갚는 일만을 꿈꾸고 있었다. 그런데 소현세자는 청나라에 있는 동안 서양의 발전한 문물을 접하고 이를 적극 받아들여 조선을 변혁하겠다는 뜻을 품었다고 한다. 그뿐 아니라 단순한 인질을 넘어서 일종의 외교관으로서 조선과 청, 나아가

서양을 잇는 가교 역할을 하기도 했다. 이러한 소현세자가 인조와 서인의 눈에 곱게 보였을 리 없다. 그래서 소현세자가 청에 있을 때부터 사사건건 트집을 잡아 그를 비방하곤 했다고 한다.

하지만 서인이야 그렇다 쳐도, 친아버지 인조가 소현세자의 독살에 연루돼 있다는 것은 상상하기 어려운 일이 아닐까? 아니다. 영조가 사도세자를 뒤주에 가둬 죽인 것은 그가 왕세자였기 때문이다. 자신이 죽은 뒤 나라를 망칠 것 같은 사도세자를 자기 손으로 죽인 것이다. 인조의 눈엔 소현세자가 그렇게 보였을지도 모른다. 원수의 나라인 청에 갔다 9년 만에 '친청파'로 돌아온 왕세자라니.

더구나 인조는 '명을 섬기고 청을 배척한다'는 명분으로 광해군을 몰아내고 왕위에 오른 인물이었다. 그로 인해 두 차례에 걸쳐 청의 침략을 받았고, 결국은 삼전도에서 청의 황제에게 '세 번 절하고 아홉 번 머리를 조아리는' 치욕까지 겪었으니 청에 대해 품고 있던 감정이 어떠했을지, 그리하여 소현세자에 대한 생각이 어떠했을지는 미루어 짐작할 수 있다. 게다가 청나라가 자신을 쫓아내고 소현세자를 왕위에 앉힐지도 모른다는 불안감도 있었을 것이다. 소현세자가 죽은 후 세자빈은 역모의 혐의를 쓰고 사약을 받았으며, 아들들마저 모두 제주로 유배를 갔다는 사실도 이런 의심을 증폭하는 정황이 된다.

일찍이 서양 문물을 적극 도입해 조선을 개혁할 뜻을 품었으며, 귀국길에 마포에서 창경궁 앞까지 사람들이 줄지어 울며 맞이할 정도로 백성들의 사랑을 받았던 소현세자. 역사에서 가정이란 무의미하다지만, 만약 그가 살아서 왕위를 이었다면 이후 우리 역사는 어떤 모습이었을까?

"소현세자는 젊은 나이에 인질로 청나라에 갔지만, 거기서 선진 문물과 세계정세를 접하고 조선을 개혁할 큰 뜻을 품으셨대. 그런데 불행히도 귀국한 지 두 달 만에 이곳에서 갑자기 돌아가셨다는구나. 참 안타까운 일이지, 참 안타까운 일이야."

안내판 **통명전과 양화당**

통명전(보물 818호)은 1834년에 다시 세운 일상생활 공간인 내전의 중심 건물답게 넓은 월대를 쌓고 ❶ **지붕 위에 용마루가 없다**. 가운데 세 칸에 대청마루를 두고 양옆에 온돌방을 두어 왕과 왕비의 침실로 썼다. 서쪽 마당에는 ❷ **동그란 샘과 네모난 연못**이 있고, 그 사이의 물길을 돌로 공들여 만든 정원이 있다. 1834년에 다시 지은 양화당은 대비의 침전이지만, 병자호란 때 남한산성으로 피난했던 인조임금이 돌아와 거처하기도 했다.

안내판 들여다보기

❶ 지붕 위에 용마루가 없다. 아까 임금의 침전인 환경전에는 '특이하게도' 용마루가 있다고 했지?

❷ 동그란 샘과 네모난 연못 동그란 샘은 하늘, 네모난 연못은 땅을 상징해. 원래 우리 조상들은 '하늘은 둥글고 땅은 네모나다'고 생각했거든.

내전 가장 깊은 곳에 있는 통명전은 원래 왕비의 처소였다. 그리고 여기에는 위치만큼이나 은밀하고 비밀스러운 이야기가 전해온다. 때는 당쟁 혹은 붕당정치가 극에 달했던 숙종 재위기. 일개 궁녀였던 장옥정은 숙종의 승은을 입어 후궁이 됐고, 왕자를 낳아 희빈 자리에 올랐다. 그녀가 바로 연산군의 장녹수와 함께 '조선시대 악녀의 대명사'인 희빈 장씨, 장희빈이다. 왕자를 낳고 승승장구하던 장희빈은 결국 왕비인 인현왕후(인품이 물씬 느껴지는 이름이다)를 몰아내고 중전 자리에까지 오른다.

하지만 기쁨도 잠시. 숙종은 무슨 변덕인지 폐위했던 인현왕후를 복위시키고 장희빈을 후궁으로 강등했다. 그렇다고 이대로 물러서면 '악녀'가 아니지. 이번에는 인현왕후를 왕비의 자리뿐 아니라 '지상에서 영원히' 몰아내기 위해 주술을 이용했다고 한다. 인현왕후의 처소인 이곳 통명전 주변에 꼭두각시와 죽은 쥐, 새 등을 묻어두었던 것. 이 일이 효과를 보여서일까? 인현왕후는 35세의 젊은 나이에 세상을 떠났다. 하지만 결국 장희빈의 이러한 주술 행각은 발각돼 그녀 또한 사약을 받고 세상을 뜨게 됐다.

여기서 잊지 말아야 할 사실 하나. 숙종은 인현왕후와 장희빈의 사랑과 권력 다툼에 이용된 피해자 혹은 바보(?)가 아니라는 점이다. 오히려 숙종이 자신의 권력 강화를 위해 두 여자를 이용했다는 것이 더 사실에 가깝다. 장희빈이 낳은 왕자를 세자로 책봉하면서 인현왕후의 지지 세력인 서인을 몰아냈고, 다시 인현왕후를 복위시키는 과정에서 장희빈과 한패인 남인을 몰아냈다. 그 유명한 '노

통명전

통명전 연못

론의 영수' 우암 송시열도 이 와중에 사약을 받고 죽었다. 숙종은 이 과정을 통해 왕권 강화를 노린 것이다.

"그런데 장희빈 사건 이전에도 이곳 통명전에서는 도깨비 소동이 있었대. 숙종의 이전 임금인 현종 때 느닷없이 돌덩이가 날아오거나, 갑자기 옷에 불이 붙거나, 궁인의 머리카락이 잘려 나가는 일이 생겨서 통명전을 수리했다는구나."

갑자기 뭔가 으스스한 기분이 든다고? 그러면 어서 발걸음을 동쪽 영춘헌으로 옮겨보자. 여기서도 안내판은 어김없이 우리를 반기고 있다.

안내판 **영춘헌과 집복헌**

이 일대는 생활 공간이 밀집된 영역이었다. 집복헌은 후궁의 생활 공간이었다. 현재 집복헌은 마치 영춘헌의 서쪽 행각처럼 붙어 있으나 원래는 두 집으로 분리돼 있었다. 1834년에 다시 세우면서 지금처럼 바뀐 것으로 보인다. 사도세자와 순조가 집복헌에서 탄생했다. ❶ **정조는 영춘헌에서 독서를 즐겼으며 이곳에서 돌아가셨다**. 이 건물의 동쪽에 궁녀들의 거처로 추정되는 건물들이 많으나, 지금은 빈터다.

안내판 들여다보기

❶ 정조는 영춘헌에서 독서를 즐겼으며 이곳에서 돌아가셨다. 여기가 바로 '정조임금 독살설'의 진원지인 영춘헌이야. 자세한 이야기는 이제부터~.

조선 국왕 중에는 독살설이 제기되는 사람이 여럿이다. 심지어 어떤 역사학자는 27명의 조선 임금 중 10여 명 이상의 독살설을 주장한다. 어쨌든 그 독살설 중에서 가장 많은 이들의 관심을 끄는 것이 바로 '정조임금 독살설'이다. 경연에서 신하들에게 강론을 펼칠 정도로 학문이 뛰어났으며, 사대부 세력을 견제하고 강력한 왕권을 바탕으로 부국강병을 이끌었던 '조선의 계몽 군주'. 민생을 안정시키고 선진 문물을 적극 수용했으며 첨단 기술을 활용해 수원성을 쌓는 등 '조선의 르네상스를 이끌었던 문화 군주'.

영춘헌

활쏘기 등의 무예에도 뛰어난 재능을 보였던 혈기 왕성한 중년의 정조가 발병 보름 만에 세상을 뜬 것은 당시부터 의혹의 눈길을 끌기에 충분했다. 더구나 《조선왕조실록》을 보면 의학에도 조예가 깊었던 정조가 신하들이 권하는 약을 피하는 기록이 보인다. 또한 정조가 마지막으로 남긴 말이 '수정전'으로, 정치적 라이벌이었던 정순왕후의 거처인 것도 의혹을 증폭했다. 정조의 총애를 받았던 정약용 또한 '정조임금 독살설'에 대한 기록을 남겼다. 하지만 2009년 최대의 정치적 라이벌이자 암살 배후로 의심받았던 노론 벽파의 영수 심환지와 정조가 주고받은 비밀 편지들이 발견되면서 '정조는 건강하다 갑자기 죽은 것이 아니라, 지속적으로 건강이 악화되다가 급서한 것'이라는 주장이 힘을 얻게 됐다.

독살이건 자연사건 훌륭한 임금의 때 이른 죽음은 안타까운 일이다. 더구나 국왕의 거처로는 초라하다 싶을 정도로 검소한 영춘헌에서 투박한 무명베 옷을 입고 하루에 두 끼만 먹으며 나랏일에 매진했다는 정조를 생각하면 더욱 그렇다.

영춘헌과 집복헌을 마지막으로 창경궁의 주요 건물 순례는 끝났다. 하지만 '가족 유람단'의 창경궁 답사는 아직 좀 남았으니 힘을 내자. 영춘헌에서 동쪽으로 나가면 넓은 터가 나온다. 여기는 원래 공주와 궁녀의 처소 및 생활 공간이 몰려 있었다지만, 일제강점기를 거치면서 모든 건물이 사라졌다. 졸지에 한가로운 산책로가 돼버린 길을 따라 걷다 보면 건물이 아니라 사찰의 부도처럼 생긴 조그마한 탑이 나온다. 이것은 성종임금의 태실과 태실비다.

성종태실과 성종태실비

"궁궐에서 아기가 태어나면 3일에서 일주일 사이에 길한 날을 잡아서 태와 태반을 깨끗이 씻고 술로 갈무리해 태항아리에 넣었어. 태와 태반이 뭐냐고? 네가 엄마 배 속에서 나올 때 배꼽에 달고 나온 것이 태(탯줄), 거기에 딸려 나온 것이 태반이야. 이렇게 밀봉한 태항아리를 명당에 만든 태실에 잘 모셔두었지."

원래 성종의 태실이 있던 곳은 창경궁이 아니라 경기도 광주였다. 이 역시 일제가 자기들 멋대로 옮겨다 놓은 것이다. 일제의 만행에 분노하며 발걸음을 조금만 더 옮기면 아름다운 연못, 춘당지를 만난다. 하지만 어찌 알았겠는가? 이 아름다운 연못에도 일제의 만행이 숨어 있다는 사실을.

춘당지

대온실

"여기 이름은 '춘당지'야. 그런데 여기 보면 큰 연못 뒤에 작은 연못이 보이지? 진짜 춘당지는 작은 연못이고, 앞의 큰 연못은 원래 왕이 직접 농사를 짓던 논이었다는구나. 여기서 임금이 직접 쟁기를 잡고 소를 몰면서 풍년을 기원했는데, 일제가 그만 연못을 파서 보트를 띄워놓은 유원지로 만들어버렸대."

어디 유원지뿐인가. 춘당지 주변에는 '사쿠라'를 잔뜩 심어놓고 일본식 정원을 만들어버렸다. 여기서부터 바로 그 악명(?) 높은 '창경궁 밤 벚꽃놀이'가 시작된 것이다. 큰 춘당지와 작은 춘당지 사이에 뜬금없이 서 있는 석탑 하나도 일제가 세워놓은 것이라고 한다. 역시 일제가 창경궁을 창경원으로 만들기 위해 설치한 대온실을 지나면 창경궁의 북쪽 끝 건물, 관덕정이 나온다.

안내판 **관덕정과 집춘문**

관덕정은 ❶ **1642년**에 지었으며 활을 쏘던 정자였다. 앞쪽의 넓은 빈터는 군사 훈련과 무과 시험장으로 쓰였다고 전한다. 정자 뒤로는 단풍 숲이 우거져서 여러 임금들이 단풍의 아름다움을 읊은 시가 전한다. 집춘문은 관덕정 북쪽 담장에 난 궁문으로 ❷ **문묘(文廟**, 또는 성균관)가 마주 보이는 곳에 있다. 역대 임금들이 문묘로 나갈 때는 이 문을 이용했다.

안내판 들여다보기

❶ 1642년 1642년은 인조임금이 즉위하고 20년째 되는 해야. 병자호란이 일어난 지 4년째 되는 해이기도 하지.

❷ 문묘(文廟) 공자를 모신 사당을 문묘라고 해. 사당이 뭐냐고? 죽은 이의 신주(神主)를 모셔놓은 집이야. 그럼 신주는 또 뭐냐고? 죽은 이의 이름을 적어놓은 나뭇조각을 신주라고 하지.

창경궁의 마지막 안내문을 같이 읽고, 시원한 정자에 앉아 잠시 땀을 식히자. 오늘 본 것, 들은 이야기 중에 뭐가 제일 기억에 남는지 물어보는 것도 좋겠다. 사도세자? 소현제자? 장희빈? 음… 그러고 보니 오늘따라 슬프거나 안타까운 이야기가 많았다. 그런데 이게 끝이 아니다. 마지막 보너스가 하나 남아 있다.

관덕정

월근문

관덕정에서 홍화문으로 내려가는 길. 하나도 셋도 아닌 두 개의 크고 작은 문이 사이좋게 나란히 기대어 있다. 이게 오늘의 '진짜' 마지막 코스, 월근문이다.

"이건 정조가 아버지인 사도세자를 그리워하면서 만든 문이래. 정조는 즉위하자마자 사도세자의 사당을 크게 고쳐 짓고, 거기로 통하는 문을 따로 만들어 '월근문'이라고 이름 붙였어. 달 월(月)에 뵐 근(覲). 이 문을 통해 정조는 한 달에 한 번씩 아버지의 사당에 나아가 예를 올렸다는구나. 훌륭한 임금이었던 정조는 효심 또한 깊었단다. 아니, 원래 효심이 깊은 사람이 훌륭한 인물이 되는 법이라지."

구구절절 사연 가득한 창경궁 답사가 효심으로 끝을 맺었다. 그 나름대로 훈훈한 마무리가 아닐 수 없다.

죽어서 왕릉까지, 국왕의 장례식

국왕의 죽음과 관련된 일련의 의식은 임종 준비부터 시작된다. 임종에서 가장 중요한 것은 유언 듣기. 왕의 죽음이 가까워오면 휘장을 치고 붉은 도끼 무늬가 수놓인 병풍을 두른 후 왕세자와 대신들에게 유언을 했다. 이윽고 왕의 숨이 멎으면 인중에 고운 햇솜을 얹어 움직임을 살핀다. 이때 솜이 전혀 움직이지 않으면 왕의 몸에서 혼이 완전히 떠난 것으로 판단한다. 임종을 지키던 사람들은 그제서야 비로소 곡을 하기 시작했다.

그리고 이어지는 것은 떠나간 왕의 혼을 돌아오라 부르는 '초혼 의식'이다. 내관은 왕이 평소 입던 옷을 들고 지붕에 올라가 '상위복(上位復)'이라고 세 번 외친다. 글자 그대로 '혼이여, 다시 오소서'라는 뜻이다. 이런 의식은 비단 왕실만이 아니라 민간에서도 행해지던 것이었다. 초혼 의식을 끝내면 진짜로 왕의 혼이 돌아올 것을 기다린다. 이 기간은 황제는 7일, 제후(조선 국왕)는 5일, 일반인은 3일이었다. 이 기간 동안 장례를 총괄하는 국장도감과 시신을 안치하는 빈전의 제사와 호위를 맡은 빈전도감 그리고 왕릉 축조를 담당하는 산릉도감을 설치하고 본격적인 장례 절차에 들어가는 것이다.

왕의 관을 '재궁'이라 하는데, 왕이 죽은 후 5일이 지나도 혼이 돌아오지 않으면 재궁으로 모시게 된다. 임종 첫날은 시신을 목욕시킨 후 새 옷 아홉 벌을 입히고, 3일째 되는 날 19벌의 옷을, 마지막으로 입관 전에 90벌의 옷을 입힌다(하, 좀 답답하겠다). 입관 후에는 빈전을 열고 왕세자는 그 옆에 여막에 거처했다. 국장은 그로부터 5개월 후 치러졌는데, 이 기간 동안 가장 중요한 일은 왕릉을 조성하는 것이었다. 왕릉이 마련되면 왕의 재궁은 빈전에서 출발해 장지에 이르게 된다.

국장 행렬은 백성들에게 왕실의 위엄을 드높이는 행사이기도 했다. 그리고 그 모습을 그린 〈반차도〉를 남겼는데, 정조의 국장 행렬에는 모두 1,440명이, 명성황후의 장례식 때는 이보다 많은 2,035명이 그려져 있다. 고종이 황제로 등극한 이후였으므로 규모가 더 커진 것이다. 하지만 국장 행렬에는 그림 속의 사람들 외에 호위 군인과 상여꾼만 해도 각각 800여 명이 동원되는 등 모두 1만 명가량의 인원이 움직인 것으로 보인다.

장례 행렬이 왕릉에 도착하면 커다란 곰 가죽을 뒤집어쓴 '방상시'들이 왕릉을 깨끗하게 정화하는 의식을 가진 뒤에 재궁을 석실에 안치한다. 그리고 부장품을 배치하는 등의 작업을 끝내면 그 위로 국장도감의 정승이 흙을 아홉 삽 뿌리는 것으로 국장의 공식 행사는 끝난다. 나머지 작업은 인부들이 마무리했는데, 국장에 쓰인 상여 등은 그 자리에서 모두 태웠다고 한다.

궁궐 사람들,
궁녀와 환관

조선시대 '궁인(궁궐 사람들)'은 주로 내시와 궁녀를 가리킨다. 그중 궁궐 안의 대소사를 모두 도맡아 처리했던 궁녀의 공식 명칭은 '궁중여관', 즉 '궁중에서 근무하는 여성 관리'란 뜻이다. 어라? 궁녀가 무슨 관리냐고? 모르는 소리. 궁녀는 정5품에서 종9품에 이르는 품계를 가진 어엿한 관리였다. 우리가 '궁녀의 대명사'로 알고 있는 '상궁'은 최고위인 정5품에 해당하는 궁녀를 부르는 명칭인 것이다. 궁녀의 등급은 크게 '견습나인·나인·상궁'의 세 단계로 나뉘는데, 어린 나이에 입궐한 궁녀들은 견습나인에서 시작해, 관례를 치르고 나면 나인이 돼 품계와 함께 정기적인 급여를 받기 시작한다. 그러다 나인이 된 지 25~35년이 되면 상궁이 돼 '마마님'이란 존칭으로 불리게 됐다.

그러면 '무수리'도 품계를 가졌던 것일까? 아니다. 정확히 말하면 무수리는 궁녀가 아니라 궁녀들의 하인이었다. 이들은 대개 기혼자였고, 궁궐 밖에 살면서 출퇴근을 했다(일반 궁녀는 입궐하면 죽어서야 궐 밖으로 나갈 수 있었다). 하지만 넓은 의미로 궁녀를 말할 때는 이들을 포함하기도 한다. 이밖에 특수직 궁녀로서 의녀가 있었다.

이쯤에서 재미있는 궁녀의 풍습 이야기 한 가지. 처음 입궐한 아기

나인이 가장 어려워하는 것이 방귀를 참는 일이었다고 한다. 만약 왕족이나 선배 앞에서 '실수'를 하게 되면 본가에서 음식을 차려 들여와야 하기 때문이었다고. 부끄럽기도 하고 가난한 본가에 부담도 돼서 어린 나인들은 특히 조심했다고 한다.

궁녀처럼 내시도 어엿한 관리였고, 그 최고 품계는 종2품으로 상궁보다 높았다. 하지만 궁녀와 달리 궁궐 밖에 살면서 출퇴근했다. 더구나 이들은 대부분 결혼을 해서 가정을 이루고 살았는데, 심지어 첩을 거느린 경우도 있었다 한다. 허걱, 내시가 첩이라? 이유인즉, 조선시대 대부분을 관통하고 있던 만성적인 가난 탓이었다. 내시의 아내 혹은 첩이 되면 적어도 먹고살 걱정을 덜 수 있었기 때문이다. 운이 좋아 남편이 출세하면 자신은 '정경부인(정1품·종1품 문무관의 아내에게 주던 봉작)' 소리를 들을 수도 있다. 그래서 내시의 아내 중에는 평민뿐 아니라 왕실에 줄을 대려는 양반집 규수도 많았다고.

아내는 그렇다 치고, 아이는 어떻게 했을까? 이것은 입양을 통해 해결(?)했다. 유교 사회인 조선에서 '자신의 제사를 모셔줄 자녀 없이 죽는 것'은 그야말로 사형 선고나 다름없었기 때문이다. 하지만 양자뿐 아니라 양녀를 들인 경우도 심심치 않은 것을 보면 평범한 가정을 이루어 사는 것이 내시들에게도 중요한 일이었던 것 같다.

임금을 가까이 모시는 내시는 여러 수련 과정을 거쳤는데, 그중에는 '비밀 통로 대피 훈련'도 있었다. 위급한 상황에 국왕을 모시고 비밀 통로로 신속히 대피하기 위한 훈련을 했던 것이다. 그뿐만 아니라 끝까지 비밀을 지키는 인내력을 키우기 위해 '물 많이 마시기', '나무에 오래 매달리기', '코에다 모래 넣고 문지르기' 같은 훈련도 했다고 한다.

4장

덕수궁

임진왜란의 행궁, 대한제국의 황궁

- 관람 시간 09:00~21:00, 매주 월요일 휴궁
- 관람료 어른(만 25~64세) 1,000원, 어린이·청소년·노인 무료
- 석조전 대한제국역사관은 별도로 인터넷 예약 요망

시내 한복판, 돌담길로 유명한 덕수궁은 궁궐보다는 '도심 공원'으로 더 익숙하다. 관광 명물로 자리 잡은 '수문장 교대식' 덕분에 이제야 좀 궁궐 같다는 생각이 들까? 하지만 이곳은 임진왜란과 대한제국의 격동기를 온몸으로 견뎌낸 현장이자, 우리 근현대사의 영욕을 고스란히 간직하고 있는 곳이다.

덕수궁, 알고 가면 좋은 이야기 둘

경운궁을 아시나요?

'경운궁'이라고 하면 고개를 갸웃거릴 사람들이 더 많겠지만, 20세기 이전까지 '덕수궁'은 경운궁이라고 불렸다. 원래 성종의 형인 월산대군의 저택이었던 이곳에 임금이 살기 시작한 것은 임진왜란 직후. 전란으로 모든 궁궐이 파괴되자 머물 곳이 없어진 선조임금이 이곳을 임시 거처로 삼았다. 정릉동에 있다 하여 '정릉동 행궁'이라 불리던 이곳에 경운궁이라는 정식 이름을 붙인 이는 선조의 아들 광해군이었다. 하지만 창덕궁을 복원하고 광해군이 옮겨간 뒤로 300년 가까이 경운궁은 잊힌 궁궐이었다.

이런 경운궁이 다시 역사의 전면에 등장하는 것은 고종임금 때다. 아관파천(1896)으로 러시아공사관에 머물던 고종이 다시 찾은 궁궐은 경복궁도 창덕궁도 아닌 경운궁이었다. 주변에 밀집한 외국 공사관들의 세력을 빌려서라도 기울어가는 나라를 되찾기 위한 고육지책의 몸부림이었다. 덕분에 경운궁은 건물 하나 달랑 남은 이름뿐인 행궁에서 제국의 황궁이 되는 영광을 누리게 됐다. 당연히 궁역도 확장되고 건물도 많이 세워졌다. 이미 자리를 잡고 있던 각국 공사관들을 피하느라 네모반듯한 모양이 될 순 없었지만 말이다. 이곳에서 고종은 대한제국을 선포하고 황제가 됐지만, 결국 일제에 의해 강제로 아들에게 황위를 물려주고 말았다. '상황'이 된 고종은 '덕수'라는 궁호를 받고, 이때부터 경운궁도 덕수궁이라 불리게 된다.

'사지절단'된 근대의 현장

혹 처음 덕수궁을 방문했을 때 '애걔, 무슨 궁궐이 이리도 작아?' 하는 느낌을 가진 적은 없는지? 하지만 실망하기 전에 기억해야 할 사실이 있다. 지금 우리가 보는 덕수궁은 원래 규모의 3분의 1밖에 안 된다는 것. 지금의 서울광장 자리부터 시작한 원래의 덕수궁은 조선일보와 예원학교 등을 포함한 규모여서 경복궁보다는 작았지만 그런대로 일국의 궁궐로서 갖추어야 할 모습을 제대로 갖추고 있었다.

그러다 1904년 발생한 대화재로 주요 건물들이 불타고, 식민지와 산업화 과정에서 이리저리 잘려 나간 덕수궁은 어느새 원래의 절반도 안 되는 자리에, 원래 건물들의 10분의 1 정도밖에 남지 않은 모습이 돼버렸다. 그러니 덕수궁을 돌아볼 때는 눈에 보이는 모습뿐 아니라 보이지 않는 모습까지 그려볼 수 있는 역사적 상상력이 필요하다.

덕수궁 옛 모습

1910년에 제작된 〈덕수궁평면도〉. 지금의 궁궐보다 권역이 세 배쯤 넓고 건물도 훨씬 많았다. 안쪽 공터 부분은 미국과 영국의 공사관이 있던 자리다.

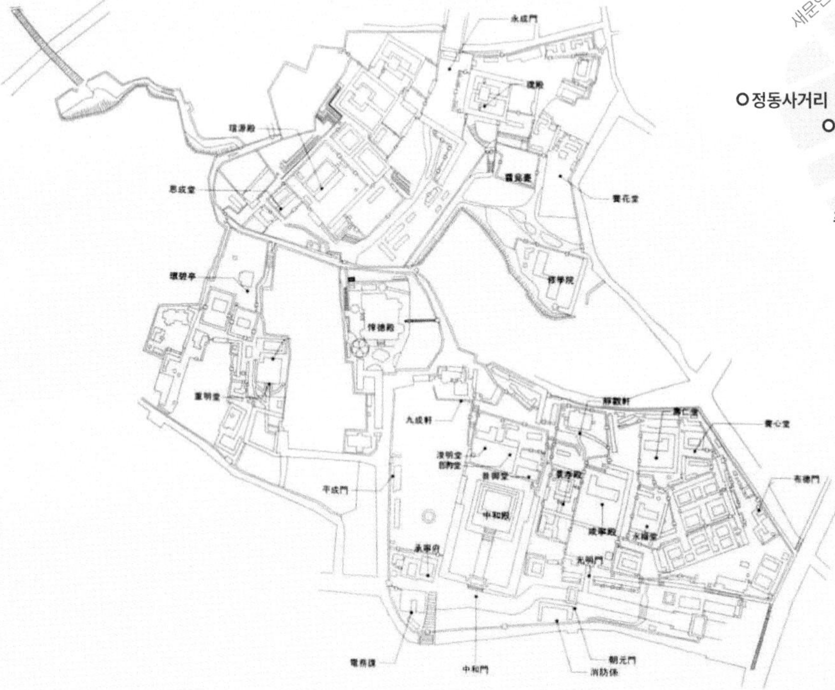

자료 제공 : 문화재청 궁능유적본부

덕수궁 현재 모습

1910년에 비해 권역이 1/3정도로 줄어들고 수많은 건물이 사라졌다.

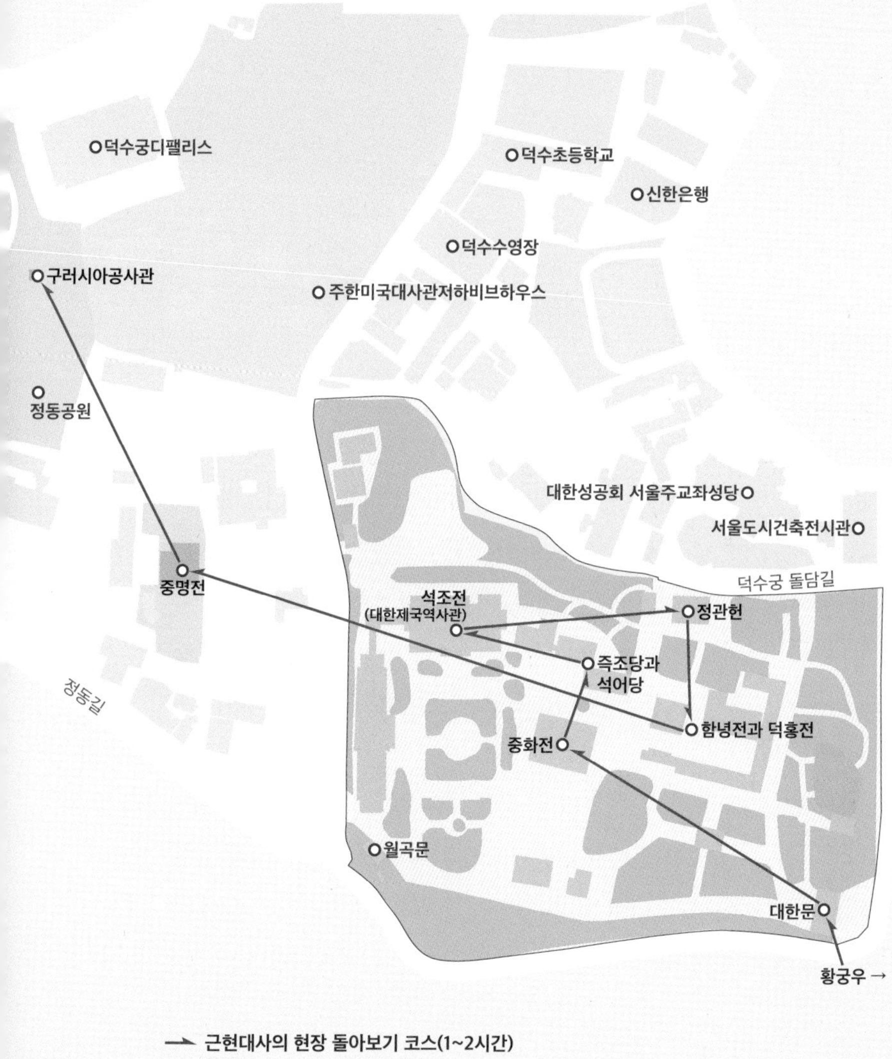

대한제국의 역사 현장

덕수궁 걷기

자, 이제는 아이의 손을 잡고 덕수궁을 걸어볼 시간. 하지만 다른 궁궐들과는 달리 덕수궁 답사는 정문인 대한문이 아니라 서울광장 건너편의 황궁우에서 시작해야 한다. 고종이 대한제국을 선포하고 하늘에 제사 지낸 이곳을 먼저 봐야 덕수궁의 의미를 제대로 이해할 수 있기 때문이다. 대한문의 원래 위치도 서울광장 가장자리, 황궁우와 마주 보는 곳이었다.

황궁우를 찾는 것은 쉽고도 어렵다. 유명한 조선호텔의 정원에 있으니 찾기 쉽다 말할 수 있으나, 황궁우가 어떤 곳인지 모른다면 보고도 그저 '호텔 정원의 고풍스러운 정자'쯤으로 보고 무심히 지나칠 수 있기 때문이다. 지금은 주변의 높은 빌딩 사이에 외로이 서

황궁우로 들어가는 삼문

있는 모습이지만, 여기에는 고종황제가 대한제국을 선포하고 하늘에 제사를 지냈던, 위풍당당한 모습의 환구단이 있었다. 하늘신을 모셔놓은 황궁우는 환구단의 부속 건물이었다.

자, 황궁우를 제대로 찾아왔다면 "덕수궁에 가자 해놓고 왜 이곳으로 왔어요?" 하는 아이의 질문에 답을 하는 것으로 오늘의 답사를 시작해보자.

"고종임금이 황제 자리에 오른 곳이 바로 여기였어. 황제 즉위식은 하늘에 제사를 지내는 것부터 시작했거든. 하늘에 제사를 지내는 건 황제만 할 수 있는 일이었지. 그래서 고종 전까지 조선시대 왕들은 못 하고 오직 중국 황제만 그럴 수 있었단다."

황궁우

"우와, 그럼 우리나라가 완전 훌륭하게 된 건가요? 그전까지는 중국에 머리 조아리고 살다가 그때부터는 당당하게 자주적으로 살게 된 건가요?"

음… 그랬으면 얼마나 좋았을까? 지금 여기 주변의 고층 건물에 압도된 채 서 있는 황궁우처럼, 당시 우리나라도 일본과 중국 그리고 서양 여러 나라의 침략에 속수무책으로 노출돼 있었다. 상황이 이런데도 고종이 굳이 황제를 칭하고 제국의 문을 연 이유는 무엇이었을까?

안내판 **환구단**

환구단은 황제가 하늘에 제사를 드리는 곳으로, 황단 또는 원구단, 원단이라고도 한다. 이 자리에는 조선 후기 ❶ **중국 사신을 맞이하던 남별궁**이 있었는데, 고종이 1897년 황제에 즉위하면서 제국의 예법에 맞추어 환구단을 건설했다. 1897년(❷ **광무** 원년) 10월에 완공된 환구단은 당시 왕실 최고의 ❸ **도편수**였던 심의석이 설계를 했다. 환구단은 제사를 지내는 3층의 원형 제단과 하늘신의 위패를 모시는 3층 팔각 건물 황궁우, 돌로 만든 북(석고)과 문 등으로 돼 있었다. 일제강점기인 1913년 조선총독부가 황궁우, 돌로 만든 북, ❹ **삼문, 협문** 등을 제외한 환구단을 철거하고, 그 자리에 ❺ **조선경성철도호텔**을 지었다. 환구단은 대한제국의 자주 독립을 대내외에 널리 알리는 상징적 시설로서 당시 고종황제가 머물던 황궁(현재의 덕수궁)과 마주 보는 자리에 지어졌다.

안내판 들여다보기

❶ 중국 사신을 맞이하던 남별궁 그러니까 예전에는 중국 눈치를 보느라 하지 못한 '하늘 제사' 지내는 곳을, 중국 사신 숙소를 헐고 지은 거야. 어때, 뭔가 상징적인 의미가 느껴지지 않아?

❷ 광무 황제가 하는 중요한 일 중 하나는 '해의 이름(연호)'을 짓는 거야. 조선 왕이 연호를 쓴 건 고종이 처음이었어. 1896년에는 '건양', 이듬해 대한제국을 선포한 뒤에는 '광무'라는 연호를 썼지. 우리나라에서 독자 연호를 쓴 것은 고려 광종 이후 거의 1000년 만의 일이었단다. 그전까지? 중국 황제의 연호를 썼지 뭐.

❸ 도편수 집을 지을 때 함께 일하는 목수들 중 가장 높은 사람을 도편수라고 해.

❹ 삼문, 협문 문 세 개가 하나의 큰 문을 이룬 걸 삼문이라고 해. 보통 궁궐이나 관청 문이 이랬지. 이때 가운데를 정문, 좌우 양쪽을 협문이라고 한단다.

❺ 조선경성철도호텔 지금도 이 자리에는 이름만 다른 호텔이 있지. 우리가 지금 서 있는 곳도 사실은 호텔 안이야.

제국을 선포하고 황제에 오른 것은 고종의 승부수였다. '조선이 자주국임과 조선 인민이 자주민임'을 세계만방에 고하는 승부수. 하지만 이러한 고종의 승부수는 당시의 냉혹한 국제질서 속에 묻혀버렸고, 환구단은 황궁우과 일부 시설만을 남긴 채 이리저리 뜯겨나가 버렸다.

그렇게 수십 년 동안 소식조차 모르던 환구단의 정문이 우연히 '발견'된 것은 지난 2007년이었다. 그동안 서울의 다른 호텔 정문으로 쓰이고 있었던 것이다. 뒤늦게 제자리로 옮기려고 했지만, 그곳엔 이미 고층 빌딩이 들어선 탓에 서울광장 가까이에 자리를 잡게 됐다. 그러니 덕수궁 답사 코스는 '황궁우-환구단 정문-서울광장'으로 이어지게 된다.

덕수궁 전경

서울광장에 왔다면 다시 한 번 상상력을 발휘할 때다. 길 건너편에 있는 덕수궁 대한문이 원래는 서울광장 안쪽에 있었기 때문이다. 당시 대한문을 지나면 지금은 사라진 궁궐 안 관청 건물들이 빽빽이 들어차 있었다. 이런 건물들 사이를 통과하는 기분으로 대한문 안까지 들어가면 작은 돌다리(금천교) 건너 왼쪽에 덕수궁을 설명하는 안내판이 눈에 띈다.

안내판 **덕수궁**

덕수궁 터에는 ❶ **월산대군**(1454~1488)의 후손을 비롯한 왕족들과 고관들의 저택들이 있었다. 임진왜란으로 서울의 모든 궁궐이 불타 없어지자 선조는 이 집들을 수용해 임시 거처하는 ❷ **행궁**으로 사용했다가, 광해군이 1611년에 재건한 창덕궁으로 어가를 옮기면서 별궁인 ❸ **경운궁(慶運宮)**이 됐다. 이후 19세기 중엽까지는 궁궐로서 큰 역할이 없다가 1897년 고종이 황제로 즉위하면서 경운궁을 대한제국의 으뜸 궁궐로 삼았고, 많은 전각들을 새로 세워 궁궐의 격식을 갖추어 나갔다. 또한 근대화를 향한 고종의 의지에 따라 궁 안에 여러 서양식 건물들을 세웠다. 그러나 1880년대 정릉동 일대는 각국 외교 사절의 공관과 선교사들의 주택이 밀집해 있어서 경운궁의 궁역을 확장하기가 어려웠다. 결국 기존의 미국, 영국, 러시아 영사관 사이로 궁역을 확장하다 보니 ❹ **대지의 모양이 불규칙하게 된 것**이다. 1907년에 고종이 퇴위하면서 ❺ **선황제**의 거처가 돼 궁의 이름을 ❻ **덕수궁**으로 바꾸었으며, 태평로를 확장하면서 궁역이 축소됐다. 고종이 승하한 후에는 북쪽의 ❼ **선원전**과 서쪽 중명전 일대도 매각돼 원래 넓이의 3분의 1만 남게 됐다. 1933년에는 중심 부분과 몇 개의 ❽ **양관(洋館)**만 남고 대부분의 전각들이 철거된 후에 공원으로 조성돼 일반에 개방됐다. 현재는 중심부인 중화전 일원과 정관헌

및 석조전과 같은 양관들이 남아 있다. 덕수궁은 임진왜란과 대한제국 말이라는 가장 어려웠던 시기에 으뜸 궁궐로서 국가적 위기를 극복하고자 했던 상징적 공간이었다. 또한 전통 규범 속에 서양식 건축을 수용한 근대적 궁궐이며, 주변 상황의 공간적 맥락에 맞추어 조성한 도시적 궁궐이었다.

안내판 들여다보기

❶ 월산대군 세조의 맏손자로 성종의 형이셨대. 어릴 때 많이 아파서 이분 대신 성종이 왕위를 물려받았다는구나. 여기엔 성종의 장인인 한명회가 당대의 권력자였던 것도 한몫했다고 해.

❷ 행궁 왕이 원래 머물던 궁궐을 떠나 잠시 머무는 곳을 가리켜.

❸ 경운궁(慶運宮) 그러니까 덕수궁의 원래 이름은 경운궁이었지. 그것도 수백 년 동안이나.

❹ 대지의 모양이 불규칙하게 된 것 그래서 네모반듯한 대신 p.212에 있는 평면도 같은 모양이 된 거야.

❺ 선황제 살아서 왕위를 물려준 왕은 '선왕', 황제는 '선황제'라고 해.

❻ 덕수궁 '덕수(德壽)'란 장수를 빈다는 뜻이야. 조선 초에 왕에서 물러난 태조가 상왕이 돼 머문 곳의 이름도 덕수궁이었대.

❼ 선원전 선원전은 역대 왕들의 초상화(어진)를 모셔놓고 제사를 지내던 곳이야. 궁궐에서 정전만큼이나 중요한 곳이지.

❽ 양관(洋館) 말은 좀 어려워 보이지만 이것도 뜻은 간단해. 서양 건물. 쉽지?

안내판을 읽으니 알겠다. 덕수궁은 우리 역사의 가장 큰 시련인 임진왜란과 일제의 침탈을 온몸으로 겪어낸 궁궐이란 사실을. 이래서 '제국의 궁궐'이라 부르기에 민망할 정도로 옹색한 모습으로 남아 있는 거로구나. 음… 전에는 도심 속 공원으로 잠시 휴식을 즐기려고 주로 찾던 덕수궁이지만, 이런 속사정을 알고 나니 마음이 무거워진다. 그렇다고 뭐, 크게 실망할 필요는 없다. 빛나는 역사에서 자부심을, 어두운 역사에서 교훈을 얻으면 되는 거니까. 다만, 앞으로 한 시간 남짓 계속될 덕수궁 답사에서 이런 사연을 잊지 말아야 더 많은 것을 보고 느낄 수 있을 것이다. 그럼 덕수궁 안내판 맞은편으로 가서 대한문에 대한 설명을 읽어보자.

대한문

안내판 **대한문 일원**

대한문의 본래 이름은 ❶ **대안문(大安門)**이었는데 1906년에 지금의 이름으로 바뀌었다. 원래 궁궐의 정문은 남쪽의 인화문(仁化門)이었는데, 환구단 건립 등으로 ❷ **경운궁의 동쪽이 새로운 도심**이 되자 동문이었던 대안문을 정문으로 삼았다. 1970년에 태평로를 확장하면서 서쪽으로 물러앉게 됐다. 대한문을 지나 건너게 되는 ❸ **금천교**는 1986년에 발굴해 정비한 것이다. 이 다리를 건너 중화문 앞에 이르는 길이 궁궐의 중심 행차로였다.

안내판 들여다보기

❶ 대안문(大安門) 대안문은 '크게 편안하다', 대한문은 '한양이 크게 번성한다'는 뜻이래.

❷ 경운궁의 동쪽이 새로운 도심 이전까지 한양의 중심은 경복궁 광화문 앞이었는데, 이때부터 경운궁 대안문(대한문) 앞으로 바뀐 거야.

❸ 금천교 덕수궁의 금천교는 원래 인화문 뒤에 있었어. 그러다 대한문이 정문이 되면서 그 뒤로 옮겨온 거지.

대안문이 대한문으로 바뀐 것은 1906년의 일이다. 1904년에 일어난 대화재 때 불탄 건물을 복원하면서 대안문도 수리하기로 했는데, 특별히 고종이 문의 이름을 '대한문'으로 고치라는 명을 내렸단다. 그런데 좀 이상하다. 모든 궁궐의 정문에 돌림자로 들어가는 '화(化)' 자(경복궁 광화문, 창덕궁 돈화문, 창경궁 홍화문, 경희궁 흥화문처럼)가 왜 빠지게 됐을까? 또한 '대한제국(大韓帝國)'을 대표하는 궁궐의 정문 이름을 왜 '대한문(大韓門)'이 아니라 '대한문(大漢門)'이라고 했을까?

첫 번째 문제의 답은 안내판에 나와 있다. 즉 대한문은 원래 정문이 아니었으니 굳이 '화' 자를 쓸 필요가 없었던 것이다. 예를 들어 경복궁의 동문 이름은 건춘문, 서문은 영추문, 북문은 신무문이다.

두 번째 문제를 두고는 그동안 여러 가지 추측이 있었다고 한다. '청나라를 대신해 중국의 한(漢)나라를 이어받는다는 의미다'라는 주장부터 '이토 히로부미가 큰 도적놈의 문이라는 뜻으로 고친 것이다'라는 억측까지. 하지만 2005년에 대한문의 상량문(집의 뼈대를 완성한 기념으로 쓰는 글)이 발견되면서 논란은 해결됐다. 여기에 "한양이 억만 년 이어갈 터전에 자리했으니 문 이름으로 특별히 건다"라는 내용이 들어 있었다. 즉 '한'이란 '한양'의 한이며, '대한문'은 한양이 서울로 새롭게 탄생한 대한제국이 크게 번성하라는 의미를 담은 것이다.

대안문이 대한문이 되고 나서 원래 정문이었던 남쪽의 인화문은 아예 자취를 감추게 됐다. 그래서 덕수궁 남쪽은 그대로 담장만 쭉 이어져, 지금도 데이트 코스로 유명한 '덕수궁 돌담길'이 태어나게 된 것이다.

안내판 **중화전 일원**

중화전과 그 앞마당은 ❶ **국가 행사를 치르는 상징적인 공간**이다. 중화전 앞에는 2단으로 된 월대가 있고 ❷ **마당에는 넓적한 돌**을 깔았으며 벼슬의 등급을 나타내는 품계석과 임금이 다니는 어도(御道)를 설치하는 등 전통 궁궐의 격식을 갖추었다. 1902년에 임시 정전으로 쓰던 즉조당(卽祚堂) 남쪽에 ❸ **행각**을 두르고 중화전을 지어 궁궐의 중심 영역으로 삼았다. 중화전은 원래 중층 건물이었으나, 1904년에 큰 화재가 나 건물들이 모두 불에 탔다. 이에, 1906년에 단층으로 규모를 줄여 다시 세운 것이 지금의 중화전이다. 중화문과 행각도 다시 세웠는데, 현재 행각은 동남쪽 모퉁이의 일부만 남아 있다.

안내판 들여다보기

❶ 국가 행사를 치르는 상징적인 공간 임금이 공식 행사를 치르는 건물을 '정전' 혹은 '법전'이라고 해. 궁궐에서 가장 으뜸이 되는 건물이지. 덕수궁 중화전, 경복궁 근정전, 창덕궁 인정전, 창경궁 명정전, 경희궁 숭정전 등이 정전에 해당하는 건물이야.

❷ 마당에는 넓적한 돌 정전 앞마당은 '조정', 넓적한 돌은 '박석'이라고 하지.

❸ 행각 기둥만 세워놓은 복도를 '회랑', 그걸 벽으로 막은 것을 '행각'이라고 한단다.

중화전

덕수궁을 대표하는 중심 건물이건만, 담장 하나 없는 허허벌판에 달랑 문 하나와 함께 있는 중화전은 쓸쓸해 보이기만 한다. 당연하지만 처음부터 이런 모습은 아니었다. 다른 궁궐의 정전처럼 사방을 행각으로 둘렀는데, 일제강점기에 망가진 모습이 아직도 회복되지 못한 것이다. 중화문 오른쪽, 뜬금없어 보이는 기역자 건물이 바로 남아 있는 행각이다.

중화문 답도(계단 중앙의 왕도)의 쌍룡도 닳고 닳아서 퇴락한 느낌이다. 본래 답도란 임금만, 그것도 전용 가마를 타고 '공중 부양'

해 다니던 길이라 크게 닳을 일이 없건만 이상한 일이다. 용은 황제를 뜻하는 것이라, 우리 궁궐 중에서 답도에 용을 새겨놓은 곳은 대한제국의 황궁이었던 덕수궁밖에 없다고 하니 아쉬움이 더 크다. 또한 고종이 처음 지은 중화전은 경복궁 근정전이나 창덕궁 인정전처럼 장엄한 2층 건물이었으나, 1904년 대화재 이후 규모를 크게 줄여 지금과 같이 단층으로 변했다.

단층으로 주저앉은 중화전에선 고종이 순종에게 황제의 자리를 물려주는 양위식이 치러졌다. 하지만 이 양위는 고종의 뜻에 의한 것도, 그렇다고 순종이 원한 것도 아니었다. 고종은 1907년 네덜란드 헤이그에서 열린 만국평화회담에 이준 등을 특사로 파견해 일본의 조선 침략을 세계에 고발하려 했으나, 회의장에는 바람 앞 등불 같은 운명의 약소국을 위한 자리는 없었다.

중화전 답도

그래도 특사들은 기자회견 등을 통해 을사늑약의 부당함과 대한제국의 독립 의지를 세계에 알렸고, 곤란해진 일제는 고종에게 그 책임을 물어 양위를 요구하게 된다. '양위 대신 대리청정'을 주장하며 마지막까지 버티던 고종은 결국 자신의 의지와는 상관없이 황제의 자리에서 물러나게 됐다.

이렇게 중화전에서 치러진 양위식에는 고종도 순종도 없었다. 내시 둘이 선황제와 신황제를 대신해서 양위식을 거행하는 기이한 일이 벌어진 것이다. 일제의 국권침탈이 얼마나 무도한 일이었는지를 보여주는 상징적인 장면이다. 이런 비극을 마음에 품고 다시 중화전을 바라보니, 담장도 없는 허허벌판에 고개를 푹 숙이고 앉아 있는 모습이 더욱 안쓰럽게 보인다.

안내판 **즉조당 일원**

이 일대는 임진왜란 때 선조가 거처했던 ❶ **전각**들을 보존한 곳이다. ❷ **즉조당**은 광해군과 인조가 왕위에 오른 곳이고, ❸ **석어당(昔御堂)**은 선조가 거처하다 승하한 유서 깊은 건물이다. 석어당은 현존 유일의 목조 이층집으로 단청을 입히지 않아 소박한 살림집 같다. ❹ **1623년**에 대부분의 전각과 땅을 원주인에게 돌려주었으나 이 두 건물만은 보존해 경운궁의 상징으로 삼았다. ❺ **준명당(俊明堂)**은 고종이 업무를 보던 편전이며 즉조당과 복도로 연결돼 있다. 현재의 세 건물은 1904년에 불에 탄 것을 같은 해에 다시 지은 것이다.

안내판 들여다보기

❶ 전각 조선시대에는 건물마다 격이 달랐고, 그에 따라 부르는 이름도 달랐어. 그중 최고의 건물에는 '전(殿)' 자를 붙이고 그보다 격이 좀 떨어지는 건물에는 '각(閣)' 자를 붙였는데, 이를 아울러 '전각'이라고 하지.

❷ 즉조당 즉조는 '즉위'와 같은 말이야. 여기서 인조의 즉위식이 열린 뒤에 이런 이름이 붙었대.

❸ 석어당(昔御堂) 석어당이란 '옛날 임금이 머물던 곳'이란 뜻이야.

❹ 1623년 1623년은 인조반정이 일어난 해야. 이때부터 고종이 머물기 시작한 1897년까지 경운궁은 이름뿐인 궁궐이었어.

❺ 준명당(俊明堂) 준명당은 고종이 환갑 때 얻은 늦둥이 덕혜옹주를 위한 유치원으로도 쓰였다고 해.

임진왜란의 피난길에서 돌아온 선조는 단청 없는 2층 건물인 석어당에서 16년이나 살았다. 7년의 전란 동안 여러 번 죽을 고비를 넘겼던 선조는 어이없게도 이곳에서 찹쌀밥을 먹고 갑자기 기(氣)가 막혀 죽었다고 한다(정말 '기가 막힌 일'이 아닐 수 없다). 그리고 선조를 이은 광해군은 바로 이 석어당에 아버지의 아내이자 자신의 새어머니인 인목대비를 10년 동안이나 유폐한다. 어렵게 왕위에 오른 광해군은 자신의 자리를 위협하는 형제들을 차례로 제거한 후에 결국 인목대비까지 감금한 것이다. 천륜을 어지럽힌 이 일이 빌미가 돼 결국 광해군은 쫓겨나고, 인조가 이곳 석어당에서

석어당(위)과 준명당(아래)

인목대비에게 옥새를 넘겨받고 왕위에 오르게 된다. 10년이 넘도록 갇혀 있던 인목대비는 폐위된 광해군을 여기에 꿇어앉히고 서른여섯 가지나 되는 죄목을 들며 하나하나 꾸짖었다고.

그로부터 300년 가까이 흐른 뒤 황제가 된 고종은 즉조당을 임시 정전으로 삼았다. 1년 남짓한 아관(러시아공사관)에서의 파천(임금의 피난길)에서 돌아왔을 때 덕수궁에 남아 있는 건물다운 건물은 즉조당밖에 없었기 때문이다. 명성황후 사후 고종의 총애를 받던 귀비 엄씨가 임종을 맞은 곳도 즉조당이었다. 엄 귀비는 대한제국의 마지막 황태자인 영친왕의 생모이기도 하다.

안내판 **석조전 일원**

석조전은 고종이 ❶ **침전 겸 편전**으로 사용하려고 세운 서양식 석조 건물로, 영국인 건축가 하딩(J. R. Harding)이 설계해 1910년에 완공했다. 기단 위에 ❷ **이오니아식 기둥**을 줄지어 세우고 중앙에 삼각형의 ❸ **박공지붕**을 얹은 19세기 ❹ **신고전주의 양식**으로 지었다. 건물의 전면과 동서 양면에 ❺ **베란다를 설치한 것이 특징**이다. 후에 미술관으로 사용했고, 1938년에 서관(西館)을 증축하면서 그 앞에 서양식 분수 정원도 조성했다. 서관은 ❻ **의석조(擬石造)**로 지은 몸체 중앙에 ❼ **코린트식 기둥**의 현관을 덧붙인 모습이다.

안내판 들여다보기

❶ 침전 겸 편전 침전은 왕의 숙소, 편전은 업무 공간이야. 석조전

1층에는 중앙 홀과 접견실 등이 있고, 2층엔 침실과 서재 등이 자리를 잡았어.

❷ 이오니아식 기둥 옛날 그리스에서 만든 신전의 기둥 종류에는 이오니아식, 도리아식, 코린트식 등이 있어. 기둥 위쪽에 '단순한 소용돌이 모양'이 보이지? 그게 이오니아식 기둥의 특징이래.

❸ 박공지붕 박공지붕은 맞배지붕의 다른 이름이야(맞배지붕에 대해서는 p.282 참조).

❹ 신고전주의 양식 옛날 그리스와 로마 시대의 건축을 새롭게 재현한 서양 건축이 신고전주의 양식이래.

❺ 베란다를 설치한 것이 특징 이렇게 베란다를 설치한 것은 고온다습한 동남아시아에 지어진 서양식 건물의 특징이라고 해.

❻ 의석조(擬石造) 자연석이 아닌 인조석이라는 뜻이야.

❼ 코린트식 기둥 코린트식 기둥은 위쪽 장식이 훨씬 복잡하고 화려하대.

즉조당을 벗어나는 순간, 눈앞에는 지금까지와 전혀 다른 풍경이 펼쳐진다. 나무로 지은 다른 전각들에 비해서 '으리으리하다'고 할 만한 서양식 석조 건물이 나타나는 것이다. 그것도 물개 모양의 분수 정원을 거느리고서. 원래 궁궐의 정원이란 건물의 뒤쪽에 있어 후원이라고 했는데, 이 분수 정원은 당당히 건물 앞에 자리 잡고 있다. 안내판에 등장하는 '이오니아식', '신고전주의', '코린트식'이라는 말만 보면 어느 서양의 궁전인 듯도 싶다. 덕분에 덕수궁 석조전

석조전

은 수십 년 동안 중고등학생들의 단골 사생대회 장소였다. 낡은 목조 건물을 지나 눈에 띄는 석조전은 어린 학생들의 기억에 '멋진 서양 건물'로 남게 마련이었다.

그런데 이런 멋진 서양 건물을 지은 사람은 서양 세력도, 일본 세력도 아닌 고종 자신이었다. 석조전은 처음부터 고종을 위한 침전과 편전(서양식 건물에 이런 이름을 쓰니 조금 이상하다)으로 지어진 것이었다. 이는 고종과 대한제국이 서양식 근대화를 추진했다는 것을 상징적으로 보여준다. 건물 중앙의 삼각형 모양 박공에 새겨진 오얏꽃 문양은 대한제국의 상징이기도 하다.

석조전을 짓기로 결정한 때는 1897년, 대한제국이 선포된 해였다. 그리고 10여 년의 공사를 거쳐 완공된 해가 1910년이었으니, 석조전에는 대한제국의 도전과 좌절이 오롯이 담겼다고도 볼 수 있겠다. 이러한 좌절이 마음 아파서였을까? 석조전이 완공된 뒤에도 고종은 이곳 대신 함녕전을 침전으로 썼다. 다만 이곳에서 귀빈을 접견한 기록이 보인다. 석조전을 침실로 이용한 건 일본에서 주로 생활한 영친왕 부부였다.

그러던 1933년 일제가 덕수궁을 공원으로 개방하면서 석조전의 운명은 다시 한 번 바뀌었다. '이왕가미술관'이라는 이름으로 불리며 일본 미술 작품들을 전시하기 시작한 것이다. 5년 뒤 조선 미술품을 전시하는 석조전 서관을 새로 지으면서 물개 모양 분수 정원도 만들었다고 한다. 때를 놓친 근대화가 결국 볼거리로 전락한 셈

석조전 내부

이다. 이렇듯 잘못 꿰어진 근대화의 단추는 광복 이후에도 지속됐다. 광복 이듬해 바로 이곳에서 열린 미소공동위원회는 아무런 성과 없이 끝났고, 결국 한반도는 전쟁으로 치닫게 됐다.

한국전쟁 이후 국립박물관, 국립현대미술관, 궁중유물전시관 등으로 쓰이던 석조전은 2014년 마침내 원형대로 복원돼 '석조전 대한제국역사관'으로 다시 태어났다. 준공 당시의 사진 자료가 있었기에 가능한 일이었다. 이를 토대로 국립고궁박물관과 창덕궁 등에서 보관하고 있던 당시의 가구를 원래 자리에 배치해 황궁의 생활사를 재현해놓았다. 금박으로 장식된 새하얀 기둥들 가운데 자리한 황제의 보좌, 대식당의 화려한 영국식 식기, 화려한 레이스가

달린 황후의 침대 등이 관람객의 눈길을 끈다. 자료가 부족해 고증이 불가능한 공간에는 당시의 역사 자료를 배치했다. 이곳에선 일제에 의해 왜곡되지 않은 대한제국, 그 도전과 좌절의 역사를 제대로 살펴볼 수 있다. 손에 잡힐 듯 생생한 대한제국역사관 관람을 위해서는 인터넷 예약이 필수다.

석조전까지 보았다면 다시 대한문 쪽으로 방향을 돌려야 한다. 이번에는 아까 왔던 길 대신 석조전 뒤쪽의 호젓한 오솔길을 걸어보자. 자그마한 숲 사이로 난 아담한 오솔길은 덕수궁에서 가장 아름다운 풍경을 자랑하는 공간, 정관헌으로 이어진다.

정관헌

안내판 **정관헌**

궁궐 후원의 언덕 위에 세운 휴식용 건물로 이름에 걸맞게 조용히 궁궐을 내려다보고 있다. 한국과 서양의 건축 양식이 혼합된 건축물로, 1900년경 ❶ **러시아 건축가 사바틴(A. I. Sabatin)**이 설계한 것으로 알려져 있다. ❷ **로마네스크 양식**의 인조석 기둥을 줄지어서 내부 공간을 감쌌고, 동남서 세 방향에 베란다를 마련했다. 베란다의 기둥은 목조이며 기둥 상부에 청룡, 황룡, ❸ **박쥐**, 꽃병 등 한국의 전통 문양을 새겼다. 이 한양(韓洋) 절충의 이국적 건물 안에서 고종은 커피를 마시며 외교 사절들과 연회를 즐겼다 한다.

안내판 들여다보기

❶ 러시아 건축가 사바틴(A. I. Sabatin) 이 사람의 이름을 기억해둘 필요가 있어. 사바틴은 정관헌뿐 아니라 덕수궁 중명전과 러시아 공사관, 독립문까지 설계한 건축가거든. 게다가 명성황후 시해 사건을 직접 목격한 서양인이기도 하단다.

❷ 로마네스크 양식 저기 녹색 나무 기둥 뒤로 두꺼운 돌기둥이 보이지? 서양 건축의 일종인 '로마네스크 양식'에서는 이렇게 기둥을 두껍고 튼튼하게 만들었다는구나.

❸ 박쥐 박쥐를 한자로는 '복(蝠)'으로 쓰는데, 이게 '복(福)'과 음이 같아서 박쥐가 '복'을 상징하게 됐대.

'조용히 바라보는 집'이란 이름처럼 언덕 아래로 보이는 소나무 숲 풍경이 고즈넉하다. 아늑한 건물은 한국과 서양 건축이 그 나름의 조화를 이루고 있어 석조전처럼 위압적이지 않고 주변 자연과도 잘 어울리는 모습이다. 삼면이 트인 구조도 휴식과 연회에 적당해 보인다. 여기서 고종이 커피를 마시며 외교 사절과 연회를 즐겼다는 안내판 문구가 절로 이해된다.

하지만 여기에는 반론도 있다. 《조선왕조실록》을 비롯한 공식 기록에는 정관헌에서 커피나 연회를 즐겼다는 언급이 전혀 없기 때문이다. 대신 선대왕의 어진을 모시거나 고종과 순종의 어진을 그렸다는 기록이 있다. 1930년대 이전 사진에는 삼면이 트여 있지 않고 벽으로 막혀 있다는 것도 '정관헌 휴식 공간설'을 반박하는 근거가 된다. 그래도 건물의 이름이나 위치, 커피를 마시며 쉰 건 공식 기록에 없을 수도 있다는 점 등을 고려하면 정관헌이 후원의 정자 역할을 했을 거란 추정도 충분히 설득력 있다.

정관헌의 진실이 무엇이건 간에 확실한 건 고종이 커피를 즐겼다는 사실이다. 고종이 처음 커피를 접한 것은 러시아공사관에 머물 때였다고 알려져 있다. 러시아 공사가 '진상'한 커피를 처음 마신 고종은 그 뒤로 계속 커피를 즐겼다고 한다. 자, 여기서 분위기 전환용 퀴즈 하나. 이 당시 처음 들어온 커피를 우리나라 사람들은 뭐라고 불렀을까? 이건 좀 어려우니까 보기를 제시한다. ① 가배차, ② 가비차, ③ 양탕국. 정답은? ①, ②, ③ 전부 정답! '타바코'가 '담배'로 불렀듯이 '커피'도 영어 발음 그대로가 아니라 우리식 변형을 겪었는데, 그리하여 태어난 이름이 가배차와 가비차다. 여기에 커피가 '서양의 탕국'이라 하여 '양탕국'이란 이름이 더해진 것이다.

대한제국을 선포하고 다음 해에 일어난 '고종황제 독살 미수 사건'은 바로 이러한 고종의 커피 사랑을 이용한 것이었다. 고종에게 유배형을 받았던 김홍륙이라는 자가 앙심을 품고 고종과 황태자의 커피에 치사량의 아편을 넣은 것. 다행히 이를 눈치채고 뱉어낸 고종은 무사했으나, 이미 커피를 삼켜버린 순종은 평생 그 후유증에 시달려야 했단다. 일제를 비롯한 외세에 늘 시달렸던 고종이 커피 한잔 편하게 마실 여유조차 잃은 것 같아 안쓰러운 마음이 든다.

안내판 **함녕전과 덕홍전**

함녕전은 고종이 거처하던 침전으로 ❶ **1919년에 이곳에서 승하**했다. 1904년에 화재로 소실된 후에 다시 지었다. ❷ **대청마루** 양옆으로 온돌방을 들였고, 사방 ❸ **툇간**에 방을 두른 전형적인 침전 건물이다. 함녕전 뒤편에는 계단식 정원을 꾸몄고, ❹ **전돌**로 만든 유현문과 장식적인 굴뚝들을 설치했다. 덕홍전은 고위 관료와 외교 사절을 접견하던 곳으로, 1911년에 건립한 전통 양식의 건물이지만 내부는 천장에 샹들리에를 설치하는 등 서양풍으로 장식했다.

안내판 들여다보기

❶ 1919년에 이곳에서 승하 1919년에 무슨 일이 일어났지? 맞아 3·1 운동. 바로 고종의 장례식을 계기로 폭발한 독립운동이었어.

❷ 대청마루 대청마루는 한옥 한가운데 있는 큰 마루를 가리켜.

❸ 툇간 툇간은 방 바깥을 둘러싸고 있는 공간을 말해. 여기에는 보통 작은 마루를 만들어서 툇마루라 부르는데, 궁궐의 침전에는 마루 대신 방을 만든 거야.

❹ 전돌 전돌은 벽이나 바닥을 장식하는 데 쓰던 벽돌이야.

정관헌에서 야트막한 언덕길을 따라 내려오면 함녕전과 덕홍전이다. 아관파천 이후 1897년 덕수궁으로 돌아온 고종은 함녕전을 새로 짓고 주로 이곳에 머물렀다. 그리고 이곳 대청마루에다 정부 각 부처와 연결하는 전화기를 설치하고 수시로 업무 명령을 내렸다고 한다. 고종의 '대청마루 전화'를 받는 정부 관리들은 전화벨이 울리면 일단 의관을 정제하고 네 번 절을 한 후에 수화기를 들었다고.

덕홍전

함녕전

《백범일지》에는 고종의 전화가 김구를 구했다는 이야기가 나온다. 청년 김구가 인천 치하포에서 명성황후를 시해한 것으로 의심되는 일본인을 죽이고 사형 선고를 받았는데, 이런 사연을 들은 고종이 직접 전화를 걸어 사형 집행을 막았다는 것이다. 이는 공식 기록으로 확인되지 않아 진위를 두고 논란이 있지만, 고종이 전화를 업무 지시에 이용했다는 것과 사형 집행 명령을 내리면서 김구만 쏙 뺐다는 사실은 분명하다.

1904년 일어난 덕수궁 대화재도 바로 이곳 함녕전에서 시작됐다. 당시 이곳의 온돌을 수리하다 실수로 불이 났는데, 때마침 강한 바람을 타고 번져 나가 궁궐 전체를 삼킨 것이다. 이게 일제의 계획적 방화라는 주장도 있다. 당시 덕수궁 주위에 '라이벌' 국가들의 공관이 밀집해 있었기에 일부러 불을 내서 고종을 다른 곳으로 보낼 계획이었다는 것이다. 하지만 당시 화재를 목격한 외국인들이 남긴 기록을 보면 '일제 방화설'은 설득력이 약해 보인다. 오히려 반란 세력이 들어올까 봐 궁궐 문을 꽁꽁 닫아건 것이 불을 키운 듯하다. 인조반정 때 반정군이 창덕궁에 불을 지르고 문이 열리자 물밀듯 들어간 이후 궁궐의 화재 대응 매뉴얼은 초기 진화보다 문단속을 더 우선했던 탓이다. 아무튼 대화재 이후 고종은 일제의 이어(이사) 권유를 뿌리치고 함녕전을 다시 짓고 마지막까지 머물렀다.

고종의 죽음 또한 일제의 독살이라는 주장이 있다. 별다른 이상 증세가 없던 고종이 저녁까지 잘 먹고 다음 날 새벽 갑자기 사망한 것이 아무래도 수상쩍다는 것이다. 일제의 위협에 맞서 러시아 세력을 끌어들이고, 헤이그에 밀사까지 파견한 고종을 일제는 눈엣가시처럼 여겼기 때문이다. 결정적 물증은 없었으나, '고종 독살설'은 당시 백성들에게 급속히 퍼져 나갔다. 심지어 대표적 친일파였던 윤치호조차 자신의 일기에 고종이 독이 든 식혜를 먹고 죽었다는 이야기를 상세히 적어놓았다. 이런 소문은 고종의 장례를 계기로 일어난 3·1운동에 폭발력을 더했다.

함녕전 앞에는 울도 담도 없는 문 하나가 외롭게 서 있다. 함녕전의 바깥을 지키던 광명문이다. 원래는 좌우에 행각을 둘렀으나, 일제강점기 공원화 과정에서 행각은 철거되고 광명문 또한 덕수궁 서남쪽 구석으로 옮겨졌다. 마침내 광명문이 제자리를 찾은 것은 2018년의 일이다. 이를 시작으로 문화재청은 2038년까지 덕수궁의 사라진 건물들을 복원할 계획이라고 한다. 그때가 되면 덕수궁이 대한제국 황궁으로 당당하게 다시 태어날 것이다.

광명문은 다시 금천교와 대한문으로 이어지니, 이제 덕수궁 안의 건물들은 모두 본 셈이다. 하지만 '가족 유람단'의 덕수궁 답사는 아직 끝나지 않았다. 손발이 다 잘려 나간 덕수궁을 제대로 보기 위해서는 지금 남아 있는 덕수궁 안쪽만 보는 것으로 부족하기 때문이다. 그중에서도 놓쳐서는 안 될 곳이 하나 있다. 지금은 덕수궁

덕수궁 돌담길

바깥, 미국 대사관 건물 옆에 자리한 중명전이다. 대한문을 나와 중명전으로 가는 길에 지나게 되는 덕수궁 돌담길은 보너스다.

안내판

중명전

중명전과 예원학교 일대는 서양 선교사들의 거주지였다가 1897년에 경운궁(현 덕수궁)을 확장할 때 궁궐에 포함됐다. 경운궁 본궁과 이 일대 사이에 이미 미국공사관이 자리를 잡고 있어서 ❶ **별궁**처럼 사용됐다. 중명전은 황실 도서관으로 1899년에 지어졌다. ❷ **처음에는 1층의 서양식 건물**이었으나, 1901년 화재 이후 지금과 같은 2층 건물로 재건됐다. 중명전 외에도 환벽정, 만희당을 비롯해 10여 채의 전각들이 있었으나, 1920년대 이후 중명전 이외의 건물은 없어졌다. 중명전은 고종이 1904년 경운궁 화재 이후 1907년 강제 퇴위될 때까지 머물렀던 곳으로, 1905년 ❸ **을사늑약**을 체결한 비운의 장소이기도 하다.

안내판 들여다보기

❶ 별궁 '별궁'이란 '특별히 따로 지은 궁전'을 말해.

❷ 처음에는 1층의 서양식 건물 처음 이름은 '수옥헌'이었어. 2층 건물로 다시 지어진 뒤에도 한동안 수옥헌으로 불렸지. 중명전은 1906년쯤 바뀐 이름이야.

❸ 을사늑약 나라와 나라 사이에 맺은 약속을 '조약', 그중에서도 한쪽에 일방적으로 불리한 것을 강제로 맺은 조약을 '늑약'이라고 불러. 그래서 우리나라의 외교권을 일본이 빼앗은 을사조약을 을사늑약이라고 하는 거야.

수옥헌이란 이름으로 문을 연 중명전은 대한제국 황실의 도서관이었다. 1904년 대화재로 경운궁 '본궁'의 건물들이 대부분 불타버렸지만, 별궁인 중명전은 무사해서 고종이 머물게 된 것이다. 지금 남아있는 덕수궁 전각 중 양관인 중명전이 가장 오래전에 지어진 셈이니, 이 또한 역사의 아이러니라 할 수 있겠다.

도서관에서 황제의 집무실이 된 중명전은 1905년 11월 17일 '비극적인 역사의 현장'이 되고 만다. 이날 일제는 덕수궁 안팎에 일본군을 배치한 후 고종과 대신들에게 대한제국의 외교권을 포기하는 이른바 '을사조약'을 강요했다. 고종은 끝까지 거부했지만 당시 조선 침략의 원흉이었던 이토 히로부미는 조약에 찬성하는 일부 대신(이들이 바로 그 유명한 '을사오적'이다)들과 함께 조약을 체결해

을사늑약 채결 장면(위)과 헤이그 만국평화회의 모습(아래)

버린다. 다음 해 이토 히로부미는 통감이 돼 바로 이곳 중명전으로 부임해 첫 업무를 시작했다. 그리고 2년 뒤, 을사조약의 부당함과 일본의 침략 야욕을 전 세계에 고발할 '헤이그 특사'를 파견한 곳도 바로 이 중명전이었다. 그러나 오히려 이 일로 인해 고종은 옥좌에서 쫓겨나고 말았다.

국권 상실 이후 중명전은 외국인에게 임대됐다가 광복 이후에도 소유주가 수시로 바뀌면서 원형이 크게 훼손됐다. 다행히 2007년 문화재청이 매입한 뒤 원형에 가깝게 복원돼 지금은 당시 역사를 보여주는 전시 공간으로 다시 태어났다.

안으로 들어서면 이토 히로부미와 을사오적의 모습을 살아 있는 듯 생생하게 재현한 '을사늑약의 현장'이 보인다. 그런데 대한제국 대신들과의 회의를 주재하는 건 고종이 아니라 이토다. 고종은 이토의 조약 체결 요구를 거부했지만, 계속되는 압박에 "대신들과 잘 협상해 처리하라"라고 말하고는 병을 핑계로 나오지 않았다. 중명전에 대신들을 불러 모은 이토는 한 명씩 다그쳐서 다수의 찬성을 얻어내 을사늑약을 체결했다. 하지만 고종은 이에 끝내 조인(調印)하지 않았고, 황제의 조인이 없기에 조약은 무효라는 사실을 각국 공사관과 해외 언론에 알렸다. 이런 고종의 노력은 헤이그 밀사 파견으로 이어졌으나, 결국 실패하고 말았다. 을사오적은 비난받아 마땅하나, 고종의 뒤늦은 저항도 아쉬움이 남는다. 중명전 전시실에는 헤이그 만국평화회의 관련 자료들도 전시 중이다.

근대사의 아픔을 고스란히 간직한 중명전에서 나와 예원학교를 끼고 올라가면 야트막한 언덕배기 끄트머리쯤에 눈에 띄게 하얀 탑, 구러시아공사관이 보인다. 덕수궁에 속한 곳은 아니지만 우리 근대사의 중요한 역사 현장이라 덕수궁 답사에서 빼놓을 수 없는 장소다.

안내판 **구러시아공사관**

이 건물은 1890년(고종 27)에 스위스계 러시아인 사바틴이 설계한 ❶ **르네상스식 건물**로 러시아공사관으로 사용됐다. ❷ **벽돌조** 2층의 본관은 한국전쟁 때 파괴됐고, 현재는 3층 규모의 탑만이 남아 있다. 탑의 1층은 본관과 이어졌고, 2층에는 창을 하나만 내어 단순하게 만들었다. 3층에는 네 면에 반원 아치형의 창을 냈고, 지붕은 삼각형 ❸ **페디먼트(pediment)**로 구성했다. 현재 탑의 동북쪽에 있던 지하 밀실의 일부가 발굴됐는데, 지하 밀실은 비밀 통로로 경운궁(지금의 덕수궁)까지 연결됐다고 한다. 러시아공사관은 명성황후가 시해된 후 1896년(건양 1) 2월 1일부터 고종이 세자(순종)와 함께 약 1년간 머물렀던 곳이다. 이곳에는 당시 국제 정세에 휩쓸려 자주 정변을 겪어야 했던 조선의 현실이 드러나 있다.

안내판 들여다보기

❶ 르네상스식 건물 '르네상스'는 서양에서 그리스·로마 시대의 문화를 다시 살리자는 운동이었어.《만화로 보는 그리스·로마 신화》에서 본 건물들 기억나지? 그걸 되살린 것이 바로 르네상스식 건물이야.

❷ 벽돌조 벽돌조란 벽돌로 지었다는 뜻이야.

❸ 페디먼트(pediment) 양쪽 지붕과 건물 외벽이 만나면 삼각형 부분이 생기지? 르네상스식 건물에서는 거기에 그리스 신전 같은 멋진 장식을 하고는 '페디먼트'라고 부른대.

그 시절 이 일대를 차지하고 있었다는 당당한 건물들은 한국전쟁 때 모두 파괴돼 지금은 옛날 사진 속에서나 찾아볼 수 있다. 당시 러시아공사관은 압도적 규모뿐 아니라, 정동 일대를 내려다보는 위치 덕분에 외국 공관 중 가장 돋보였다. 지금도 첨탑 밑에 서서 언덕 아래를 내려다보면 그 시절 조선을 놓고 일본과 패권을 다퉜던 아라사(러시아)의 위세를 느낄 수 있다.

명성황후 시해 사건 이후 생명의 위협을 느끼던 고종이 첫 '망명지'로 선택한 곳은 러시아공사관이 아니라 미국공사관이었다. 그러나 이 탈출 계획은 사전에 일본 측으로 새어 나가 실패했고, 두 달 만에 성공한 탈출이 바로 아관파천이었다. 이를 위해 고종과 세자는 변복을 하고 궁녀의 가마를 타는 등 영화처럼 '작전'을 연출했다고 한다. 고종의 아관파천은 단순한 탈출이 아니었다. 그것은 '이이제이(以夷制夷)', 즉 러시아 오랑캐의 힘을 빌려 일본 오랑캐를 퇴치하려는 힘없는 군주의 마지막 선택이기도 했다.

아관파천 기간 동안 고종은 친일 내각을 친러 내각으로 교체하는 등 적극적인 통치 행보에 나섰다. 파천 직후 경운궁 수리를 명하고 경복궁에 있던 명성황후의 시신과 선대왕의 어진 등을 옮겼다. 이때부터 경운궁 환궁과 대한제국 선포를 계획하고 있었던 듯하다. 그러나 아관파천 기간 동안 광산채굴권과 삼림벌채권 등 각종 이권이 러시아와 서구 열강의 손으로 넘어가기도 했다. 이를 비난하면서 고종의 환궁을 주장하는 여론이 비등할 무렵, 고종은 드디어 경운궁으로 돌아와 대한제국을 선포했다. 하지만 고종이 꾸었던 국가 중흥의 꿈은 일제의 무력에 의해 결국 좌절되고 말았다.

이로써 황궁우에서 구러시아공사관까지 우리 근대사의 아픈 상처를 온몸으로 간직하고 있는 덕수궁 답사가 끝났다. 아이에게 너무 어두운 역사를 보여준 것 같아 마음이 찝찝하다고? 그렇지 않다. 빛나는 역사에서는 자부심을, 어두운 역사에선 교훈을 배우면 되는 거니까. 그것이 우리가 역사를 알아야 하는 이유이기도 하다.

정관헌에서 본 소나무숲 풍경

임금의 화장실, 매우틀

궁궐에 갔을 때 혹 이런 의문이 들었던 적은 없는가? '이 많은 건물 중에 혹 화장실이었던 것은 없었을까' 하는. 프랑스를 대표하는 베르사유궁에는 화장실이 없어서 궁에 들어오는 사람들은 누구나 입구에 늘어서 있는 조각 옆에 실례(?)를 했다는데, 그럼 우리 궁궐은 어땠을까? 결론부터 이야기하자면, 우리 궁궐에는 뒷간이 있었다. 그것도 아주 많았다. 우리 궁궐의 모습을 전해주는 옛 자료들에 따르면 경복궁에는 스물여덟 곳, 창덕궁과 창경궁에는 모두 스물한 곳의 뒷간이 있었다. 보통은 한 칸짜리였지만 개중에는 일곱 칸짜리 공중화장실도 있었다고.

조선 궁궐에 있던 궁녀와 내시만 해도 거의 1,000여 명에 가까웠으니, 궁궐 건물 곳곳에 화장실이 있는 것은 당연한 일이었다. 아쉽게도 요즘은 옛날 궁궐 건물의 절반도 제대로 복원되지 않아 화장실을 거의 찾아볼 수 없으나, 경복궁 동궁전에 가면 지금도 궁궐의 뒷간이 남아 옛 모습을 전하고 있다(눈에 띄지 않게 얌전히 숨어 있으니 잘 찾아봐야 한다).

하지만 궁궐의 화장실은 왕과 왕비를 비롯한 고위 왕족이 기거하는 공간에는 거의 없었다. 이들은 '매우틀(매화틀)'이라 불리는 개인 전용

이동식 화장실을 사용했기 때문이다. '매우(梅雨)'는 오줌, '매화(梅花)'는 똥을 뜻하는 궁중 용어. 왕족은 벽돌 모양의 구멍 난 변기(요즘의 좌변기와 비슷하다)에 앉아 매화와 매우를 해결했다. 이 틀 아래에 구리 그릇을 두어 왕이나 왕비의 대소변을 받아낸 것이다. 먼저 여물을 잘게 썰어 뿌린 후 그 위에 용변을 받고, 다시 여물을 덮어 가져가면 튀는 것(!)과 함께 냄새도 막을 수 있었다고 한다. 필요할 때는 이 용변을 내의원으로 가져가 왕의 건강을 체크하는 자료로 삼기도 했다고. 왕이 매화를 보고 나면 뒤처리를 명주 수건으로 했는데, 이 또한 담당 궁녀가 따로 있었다고 한다.

매우틀
(소장 : 국립고궁박물관)

궁궐의 화장실이 이랬다면 보통 집의 뒷간은 어땠을까? 남녀 구분이 분명했던 조선의 양반집에서는 여성 전용의 '안 뒷간'과 남성 전용의 '바깥 뒷간'을 따로 두었다. 안 뒷간은 주로 안채에서 떨어져 눈에 잘 띄지 않는 곳에 행랑의 일부나 작은 독립 건물로 두었고, 바깥 뒷간은 남자들이 주로 생활했던 사랑채를 둘러싸고 있는 바깥 행랑이나 대문 밖에 따로 있었다. 여유가 있는 집에서는 바깥 뒷간을 주인과 손님용 하나, 아랫사람용 하나 이렇게 둘로 나눠서 짓기도 했다고. 물론 이것은 여유가 있는 양반집 이야기다. 보통 평민 가정에서는 남녀 공용 뒷간 하나만 있는 경우가 대부분이었다.

궁궐 지킴이,
잡상과 서수

궁궐의 건물, 왕릉의 정자각 지붕 위에는 인형 비슷한 것들이 줄지어 서 있는 모습이 보인다. 건물의 규모와 지위에 따라 보통 다섯 개에서 많게는 열한 개까지 늘어서 있는데, 이것들을 통칭 '잡상'이라고 한다(경복궁 경회루의 잡상이 열한 개로 가장 많다). 이는 중국 소설《서유기》에 등장하는 인물들을 형상화한 것으로, 혹 들어올지도 모를 잡귀신을 막기 위한 것이다. 아무래도 소설 속에서 수많은 요괴와 악마를 물리친 혁혁한 공로(?)를 인정받았나 보다.

제일 앞에서 잡상들을 이끌고 있는 것은 당연히 삼장법사고 손오공, 저팔계, 사오정 등이 뒤를 잇는다(하지만 아무리 봐도《서유기》의 등장인물들과 닮은 것 같지는 않다). 조선시대에 새로 발령을 받아 궁궐로 출근하는 관리는 '신참례'라는 일종의 통과의례를 할 때, 고참 앞에서 궁궐 문 지붕에 있는 잡상 열 개의 이름을 순서대로 단번에 외워야 했다고 한다(한번 같이 읊어볼까? 대당사부, 손행자, 저팔계, 사

잡상(소장 : 국립고궁박물관)

화상, 마화상, 삼살보살, 이구룡, 천산갑, 이귀박, 나토두). 그런데 조선 시대에도 신고식이 있었느냐고? 있는 정도가 아니었다.

궁궐에는 잡상 말고도 사악한 기운을 막는 영물이 또 있었으니 그것들이 바로 '서수(瑞獸)'다. 서수란 글자 그대로 '상서로운 짐승'이란 뜻으로, 특정한 동물 종류를 가리킨다기보다는 기린이나 해태 등 주로 상상 속에 등장하는 동물을 총칭한다.

궁궐 안의 서수는 보통 계단 중앙의 답도(국왕 전용로) 양옆이나 다리 난간, 중요 건물 주변에 있는데, 한 가지 종류가 아니고 다양한 모습이 눈길을 끈다. 경복궁 안을 흐르는 금천 위에는 혹 물길을 통해 들어올지도 모르는 잡귀를 노려보듯 혀를 쭉 빼물고 있으며, 근정전 주위에는 아예 부부 동반에다 아이까지 거느린 서수 가족이 눈에 띄기도 한다.

궁궐로 들어오려는 잡귀를 쫓아내는 것이 잡상과 서수만은 아니었다. 금천을 가로지르는 다리인 금천교에는 귀신 얼굴을 새겨 넣었고, 근정전 주변에는 서수뿐 아니라 십이지신상까지 두어 사악한 기운의 범접을 막았다. 또한 궁궐에서 가장 중요한 건물인 정전 주위에는 드므라는 항아리에 물을 담아놓았는데, 이는 불을 일으키는 화마가 자신의 얼굴을 비춰보고 놀라 도망가도록 하기 위해서였다고.

궁궐에 드나들며 피해를 입히는 것은 또한 잡귀만이 아니었다. 궁궐 건물의 처마에 삼지창을 두거나 그물로 막아놓은 것을 볼 수 있는데, 이는 제비를 막기 위해서였단다. 제비가 처마 밑에 집을 지으면 배설물 등으로 인해 건물이 상하고, 또 제비를 노리는 구렁이가 올 수도 있기 때문이었다고 한다.

5장

경희궁

다시 찾는 우리 궁궐, 다시 찾는 우리 역사

- 관람 시간 09:00~18:00, 매주 월요일과 1월 1일 휴궁
- 관람료 무료

공중 분해된 우리 궁궐 경희궁. 볼 만한 것이 없으니 찾는 사람 또한 거의 없다. 일부러 이곳을 찾는 사람보다는 점심시간 산책 코스로 이용하는 주변 직장인들이 더 많을 정도. 관광객으로 붐비는 경복궁이나 창덕궁보다 여유 있게 둘러볼 수 있어 좋기는 하다. 관람료 또한 무료니 부담도 없다.

경희궁,
알고 가면 좋은
이야기

사지절단 덕수궁? 공중분해 경희궁!

미리 알아두어야 할 사실 하나. 경희궁의 옛 건물은 정문인 흥화문이 유일하다. 하지만 이 역시 이곳저곳을 돌고 도는 기구한 인생 유전(?)을 겪다가 결국 제자리 아닌 애먼 곳에 돌아와 고생하고 있는 형국이다(자세한 설명은 바로 다음, 흥화문 안내판에 자세히 나온다).

일제강점기를 거치면서 망가진 다른 궁궐들과 달리 경희궁은 그 이전에 대부분의 전각이 헐렸다. 고종 때 경복궁을 다시 지으면서 자재로 이용하기 위해서였다. 그렇게 빈터가 된 부지에 일본인을 위한 경성중학교(이후 서울중고등학교로 바뀐 뒤 서초동으로 이전했다)가 들어서고, 몇 안 남은 건물마저 일제가 팔아버리면서 경희궁은 흔적조차 남지 않게 됐다. 그리고 지금까지 복원된 건축물은 숭정전 등 네 곳에 불과하다. 한창때의 경희궁에는 전각만 120채가 넘었고 그 부속 건물까지 합하면 수천 칸에 이르렀다니, 덕수궁이 '사지 절단된 모습'이라면 경희궁은 '공중 분해된 상태'라 할 만하다.

경희궁 흥화문 옆 서울역사박물관 표지판

그래도 어엿한 '조선의 5대 궁궐' 가운데 하나였으니 그냥 지나가기에는 너무 섭섭하다. 또 우리가 자꾸 가고 관심을 가져야 경희궁도 하루빨리 제 모습을 찾을 수 있지 않을까. 그리고 바로 옆에 서울역사박물관이 있으니, 경희궁과 함께 방문한다면 그나마 아쉬움을 달랠 수도 있다. 그런데 혹 이런 사실을 아는지? 허허벌판이 돼버린 경희궁 터에 우람하게 자리한 서울역사박물관이야말로 사실 경희궁 복원의 일등 방해꾼인 것을. 옛 궁궐 터에 들어선 박물관이라…. 일제가 우리 궁궐들을 파괴하기 위해 그 안의 건물들을 박물관, 미술관, 전시장으로 만들어버린 사실이 떠오른다. 더구나 서울역사박물관 건물을 짓는 과정에서 조선시대의 주춧돌뿐 아니라 신석기시대 유적까지 발견됐지만, 박물관을 짓기 위해 그 유물 유적을 대충 밀어버렸다니, 이 또한 참으로 아쉬운 일이다.

경희궁 옛 모습

경희궁은 〈북궐도형〉이나 〈동궐도형〉, 〈덕수궁평면도〉처럼 옛 영역과 전각 배치를 알려주는 자료가 없다. 다만 조선 후기 경희궁을 그린 〈서궐도안〉를 통해 그 규모를 짐작할 수 있을 따름이다. 〈서궐도안〉은 먹선으로만 그리고 채색하지 않았다. 비슷한 시기에 동궐을 그린 〈동궐도〉는 채색까지 돼있다.

〈서궐도안〉(위)과 〈동궐도〉(아래) 소장 : 고려대학교 박물관

경희궁 현재 모습

옛날보다 좁아진 권역에 복원된 건물도 몇 채 되지 않는다. 그러니 금천교부터 시작해 방공호까지 둘러보아도 1시간이면 충분하다.

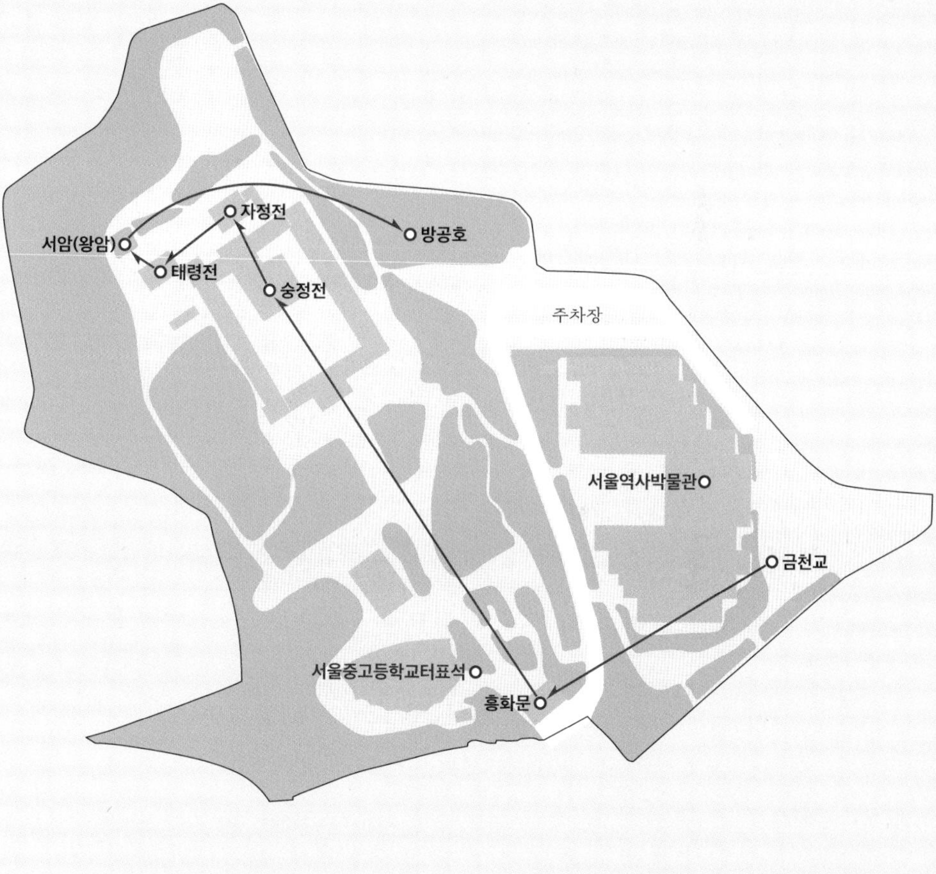

잃어버린 궁궐,

경희궁 걷기

공중 분해된 우리 궁궐 경희궁. 볼 만한 것이 없으니 찾는 사람 또한 거의 없다. 일부러 이곳을 찾는 사람보다는 점심시간 산책 코스로 이용하는 주변 직장인들이 더 많을 정도. 관광객으로 붐비는 경복궁이나 창덕궁보다 여유 있게 둘러볼 수 있어 좋기는 하다. 관람료 또한 무료니 부담도 없다.

나이가 조금 있는 아빠라면 경희궁은 궁궐보다 '옛 서울중고등학교 자리' 혹은 '경희궁 청소년도서관'으로 더 익숙할지도 모른다. 아직도 경희궁이 임금이 살던 법궁인지, 아니면 고종이 태어난 운현궁 같은 별궁인지 모르는 사람이 더 많다. 일제강점기를 거치면서 흔적마저 사라졌다가 20세기 말에 극히 일부만 복원된 후 21세기 초에 일반에 개방됐으니 사람들이 모르는 것도 당연한 일이다. 우연히 혹은 일부러 이곳을 방문했다 하더라도 '울도 담도 없는' 썰렁한 공간에 대문 하나, 건물 몇 채만 남은 모습에서 '나라님 사시는 궁궐'을 연상하기란 사실 불가능한 일에 가깝다.

경희궁 답사는 정문인 홍화문이 아니라 금천교에서 시작하는 것이 좋다. 가만, 금천교라면 궁궐의 정문을 통과해야 볼 수 있는 것 아닌가? 하지만 경희궁은 아니다. 경희궁 금천교는 정문인 홍화문

경희궁 금천교

경희궁

뒤가 아니라, 이웃한 서울역사박물관 마당에 있다. 원래 금천교 앞쪽, 지금의 구세군회관 자리에 있던 흥화문이 이곳저곳을 떠돌다 엉뚱한 장소로 돌아온 탓이다.

사실 금천교도 정확히 제자리에 원래 모습 그대로 복원됐다고 보기 어렵다. 다리 일부만 남은데다 자료도 부족하고 주변 또한 많이 바뀌었기 때문이다. 그나마 금천교가 복원된 것은 2002년의 일이었다. 물길도 없는 금천 위에 뜬금없이 자리 잡은 금천교는 현재 경희궁의 처지를 상징적으로 보여주는 듯하다.

금천교를 보았다면 걸어서 5분이면 닿는 홍화문이 다음 코스다. 담벼락도 없이 외로이 서 있는 홍화문 왼편으로 나란히 자리한 안내판 둘이 보인다.

안내판 **경희궁지**

이곳은 조선시대 ❶ **5대 궁궐** 가운데 하나인 경희궁 터다. 경희궁은 광해군 때 창건돼 고종에 이르기까지 조선 후기의 중요한 궁궐이었다. 창건 당시에는 한때 경희궁으로 부른 것으로도 보이지만 줄곧 경덕궁이라 했고, ❷ **영조 이후에 경희궁으로 명명**됐다. 또 경복궁의 동쪽에 자리하고 있는 창덕궁과 창경궁을 동궐이라 불렀는데 이 말과 짝을 이루어 경희궁을 ❸ **서궐**이라고도 했다.
원래 경희궁에는 정전인 숭정전과 편전인 자정전 외에도 ❹ **수많은 전각**들이 지형에 맞게 배치돼 있었다. 1820년대 무렵에 제작됐다고 추정하는 <서궐도안>(보물 1534호)을 보면 그 규모와 구성을 짐작할 수 있다. 그러나 고종 때 경복궁을 중건하면서 전각들을 대부분 경복궁으로 옮겨서 재사용했고, 일제강점기에는 조선총독부로 소유가 넘어가 경성중학교와 관사 등이 세워지면서 궁궐로서의 위상이 훼손됐다. 또한 궁궐 영역도 많이 축소됐으나, 지속적인 발굴 조사와 연구를 통해 숭정전 일곽과 몇몇 전각들을 복원해 현재에 이르고 있다.

안내판 들여다보기

❶ 5대 궁궐 서울에 있는 조선시대 5대 궁궐은 경복궁, 창덕궁, 창경궁, 덕수궁 그리고 경희궁이야.

❷ 영조 이후에 경희궁으로 명명 인조의 아버지인 추존 왕(죽은 뒤에 왕으로 높임) 원종의 시호(죽은 뒤에 공덕을 기려 받는 이름)가 궁궐 이름과 같은 '경덕'이어서 경희궁으로 바꾼 거래.

❸ 서궐 그럼 남궐, 북궐도 있느냐고? 북궐은 있지만 남궐은 없어. 북궐은 바로 조선 제일의 법궁, 경복궁이란다.

❹ 수많은 전각들 원래 경희궁에는 '○○전', '○○각' 같은 이름이 붙은 건물만도 줄잡아 120여 개, 거기에 붙은 부속 건물까지 합하면 정말 수많은 전각이 있었다는구나.

담도 없이 홀로 서 있는 대문 옆의 안내판마저 '경희궁'이 아닌 '경희궁지'란다. 이러한 경희궁의 기구한 팔자는 어쩌면 이곳을 처음 지었던 '왕 아닌 왕'의 운명을 닮은 것인지 모른다. 조선의 15대 임금인 광해군. 조선 역사를 통틀어 '왕'이었다가 '군'으로 쫓겨난 두 사람 중 한 명이다. 선배(?) 격인 연산군이야 국정을 등한시하고 전국 각지에서 선발한 홍청(기생)들과 경회루에서 홍청망청 놀다가 쫓겨났으니 그럴 만도 하다 하겠지만, 임진왜란으로 피폐해진 나라를 추스르고 명나라와 청나라를 사이에 둔 등거리 외교로 국익을 챙겼던 광해군이 반정으로 물러난 것은 억울한 면이 없지 않다. 아니, 사실은 많이 억울하다 할 수 있다.

물론 왕위에 오른 후 배다른 형제들을 죽이고 새어머니 인목대비를 덕수궁에 유폐하는 등 패륜을 저지른 것은 사실이다. 하지만 그렇다면 형제들을 죽인 태종이나 어린 조카를 살해한 세조 또한 왕위에 올라서는 안 됐다.

게다가 인조반정을 일으킨 서인 세력이 광해군의 주요 죄목으로 꼽은 것이 '명나라를 배신하고 후금(훗날의 청나라)과 화친한 죄'라니 대략 난감해지지 않을 수 없다. 더구나 광해군 뒤를 이은 인조가 명과의 의리를 확실히(!) 지킨 탓에 병자호란이 일어났다는 사실을 생각하면 말이다. 임진왜란에서 미처 회복하지도 못한 나라와 백성들은 청과의 전쟁으로 다시 한 번 피폐해졌고, 인조 또한 청 태종에게 무릎을 꿇고 머리를 조아리는 수모를 당했다.

결국 쫓겨난 광해군이었지만, 왕위에 오르는 것 또한 순탄치 않았다. 우선 그는 후궁의 아들이었다(이건 그가 '광해군'인 것으로도 알 수 있다. 왕비가 낳은 적자는 태어나면서 '대군'의 칭호를, 후궁이 낳은 서자는 그냥 '군'이라는 이름을 받는다). 그것도 둘째였다. 어려서부터 총명해 왕이 될 만한 재능을 인정받았으나 아버지의 사랑은 받지 못했다. 그래서 차일피일 미뤄지던 세자 책봉을 받은 때가 바로 임진왜란의 한가운데, 서울이 아닌 평양에서였다. 국왕이 피난을 다니는 상황에 더 이상 세자 책봉을 미룰 수 없었기 때문이다. 당시 적자는 없었고, 서자 중 첫째이자 광해군의 형인 임해군은 자질 부족으로 일찌감치 탈락한 상태였다.

하지만 난리가 끝나고 새어머니 인목왕후가 영창대군(적자니까

'대군'이다)을 낳자 다시 왕위 계승이 불안해졌다. 결국 이 불안감이 광해군을 폐위로 몰아가는 빌미를 제공하는 동시에 경희궁이 세워지는 원동력이 됐다.

임진왜란으로 모든 궁궐이 불타버린 상태에서 우선 복원이 결정된 곳은 창덕궁과 창경궁이었다(규모가 큰 경복궁은 전후의 팍팍한 나라 살림 탓에 복원 대상에서 탈락했다). 이 두 궁궐은 '따로 또 같이' 하나의 궁궐(동궐)을 이루니까 유사시 왕이 갈 만한 스페어 궁궐(이궁)이 필요했다. 그래서 지은 것이 인왕산 아래 인경궁이었다. 당시는 전란의 피폐함이 아직 회복되지 못했던 때였다. 아마 다른 왕이었다면 여기서 멈추고 더 이상 궁궐을 짓는 무리는 하지 않았으리라. 그런데 그때 풍수지리에 통달했다는 술사들이 '새문동에 왕기가 있으니 역모를 막기 위해서는 이곳에 궁궐을 지어야 한다'는 보고를 올린다. 안 그래도 늘 자리에 불안을 느끼던 광해군은 그 의견에 따라 새 궁궐을 지었으니, 그게 바로 경희궁이다(그런데 이곳에 집이 있던 정원군의 아들이 바로 인조였으니, 그 술사의 말이 결국 맞았던 셈이다).

당연히 신하들의 반대가 빗발쳤지만 광해군은 밀어붙였다. 경희궁의 정문인 흥화문이 다른 궁궐과는 달리 1층인 것도 반대를 무마하느라 광해군이 양보한 것이란다. 그래도 워낙 명분이 약한 일이라 완공에는 오랜 시간이 걸렸고, 결국 광해군은 경희궁에 입궐해 보지도 못한 채 왕위에서 쫓겨나고 말았다. 무리한 궁궐 공사로 인한 국가 재정의 파탄과 백성의 고통은 반정의 주요 명분이 됐다.

숭정문

광해군을 몰아내고 왕위에 오른 인조가 광해군이 애착을 가졌던 경희궁을 좋아했을 리 없다. 하지만 인조는 오랜 시간 경희궁에 머물러야 했다. 창덕궁은 인조반정 때 불타버렸고, 창경궁 또한 즉위 1년이 안 돼 일어난 이괄의 난 때 불타버린 탓이다. 인조반정을 주도했던 이괄이 반란을 일으킨 건 논공행상에 대한 불만 때문이었다. 다시 궁궐을 버리고 피난을 가야 했던 인조는 경희궁으로 돌아와 9년을 머물렀다. 그리고 이때부터 경희궁은 조선의 중요한 궁궐로 대접받기 시작했다. 숙종이 세상을 뜬 곳도, 영조와 정조가 즉위한 곳도 모두 경희궁이었다.

경희궁지 안내판에 있는 '광해군 때 창건돼 고종에 이르기까지 조선 후기의 중요한 궁궐이었다'는 한 문장 속에는 이렇게 많은 이야기가 담겨 있는 것이다. 바로 옆 홍화문 안내판에는 또 어떤 이야기가 담겨 있을까?

안내판 **경희궁 흥화문**

흥화문은 경희궁의 정문이다. 원래 경희궁으로 들어가는 문은 다섯 개로, 정문인 흥화문 외에도 동쪽에 흥원문, 서쪽에 숭의문, 남쪽에 개양문, 북쪽에는 무덕문이 있었다. 창건 당시 경희궁은 ❶ **창경궁의 제도를 따라서** 규모를 작게 해 정문도 단층으로 세웠다. 경희궁 근처 얕은 고개를 '야주개'라고 했는데, 이는 ❷ **흥화문의 현판 글씨가 명필**이라 밤에도 빛나 그 광채가 고개까지 훤하게 비추었다 하여 붙여진 이름이다.

흥화문은 원래 지금의 구세군회관 빌딩 자리에서 ❸ **동쪽인 종로를 향하게 지었다**. 그러나 일제강점기 들어 1915년에 도로가 확장됨에 따라 흥화문은 원래 위치에서 약간 뒤로 옮겨지면서 문의 방향도 도로와 나란하게 남향으로 바뀌었다. 1932년에는 이토 히로부미를 위한 사찰인 박문사로 옮겨 정문으로 사용했다. 광복 이후 박문사 터에 차례로 들어선 영빈관과 신라호텔의 정문으로 쓰다가, 1988년에 옛 개양문이 있던 지금의 자리로 옮기면서 궁궐 정문으로서의 역사성을 되살리고자 했다.

안내판 들여다보기

❶ 창경궁의 제도를 따라서 창경궁은 불어난 왕족을 위한 생활 공간으로 창덕궁에 덧붙여서 지었기 때문에 상대적으로 규모가 작았어. 그래도 창경궁의 정문인 홍화문은 2층이야. 대신 흥화문처럼 동쪽을 향해 있단다.

❷ 흥화문의 현판 글씨가 명필 흥화문 현판 글씨는 조선의 명필로 유

명했던 이신이 썼는데, 아쉽게도 지금 현판은 원래 것이 아니래.

③ 동쪽인 종로를 향하게 지었다. 정문인 흥화문이 동쪽을 향한 건 그 앞에 한양에서 가장 번화한 길인 운종가가 있었기 때문이야. 반면 남쪽의 개양문은 앞쪽에 큰길이 없었지.

경희궁의 '기구한 팔자'를 압축적으로 보여주는 것이 바로 흥화문이다. 한때는 나라님이 사는 궁궐의 정문으로 그 위엄을 뽐냈으나, 그 나라가 남의 손으로 넘어간 뒤에는 남의 나라 학생들이 다니는 학교에 밀려 길가로 나앉게 됐고, 그것도 모자라 나라를 빼앗은 원

흥화문

숭정전

수의 사당 정문이 됐다가, 어영부영 그 자리에서 호텔 대문이 돼 오가는 손님맞이에 바빴다. 그리고 집 떠난 지 수십 년 만에 어찌어찌하여 돌아왔으나, 이미 자기 자리에는 큰 빌딩이 들어선 후라 결국 애먼 곳에 자리를 잡았다. 조선의 궁궐 대문 가운데 가장 기구한 운명을 타고난 셈이다. 만약 사람이라면 책 한 권 분량은 너끈히 나올 만큼 기구한 인생임에 틀림없다.

기구한 흥화문을 지나 길 따라 조금 올라가다 보면, 높다란 기단에 월대까지 제대로 갖춘 솟을대문이 나온다. 이 문이 바로 숭정문, 경희궁의 정전인 숭정전으로 통하는 문이다. 20세기 말에 복원된 숭정전의 팔자 또한 만만찮은데, 이곳엔 또 어떤 기구한 사연이 담겨 있을까? 먼저 안내판을 읽어보자.

안내판 **숭정전**

경희궁의 정전. 경희궁 창건 공사 초기인 1618년(광해군 10)경에 건립됐다. 국왕이 신하들과 조회를 하거나 궁중 연회, 사신 접대 등 공식 행사가 행해졌던 곳이다. 특히 경종, 정조, 헌종 세 임금은 이곳에서 즉위식을 거행했다. 그러나 일제가 경희궁을 훼손하면서 1926년 숭정전 건물을 ❶ **일본인 사찰**에 팔았는데 현재는 동국대학교 ❷ **정각원으로 남아 있다**. 현 위치의 숭정전은 복원된 것이다.

안내판 들여다보기

❶ 일본인 사찰 당시에는 우리나라에 일본 불교가 많이 진출해 있었어. 이 사찰의 이름은 조계사였는데, 지금 서울 종로에 있는 조계사와는 이름만 같을 뿐 전혀 상관없는 절이야.

❷ 정각원으로 남아 있다. 그러니까 지금은 두 개의 숭정전이 있는 셈이야. 동국대학교의 숭정전(정각원)과 경희궁의 숭정전. 과연 어느 숭정전을 진짜라고 봐야 할까?

숭정전을 복원한 건 1991년의 일이다. 어쩐지 너무 반짝반짝 새 것 같은 분위기가 난다 했다. 뭐 그건 그럴 수도 있다 하자. 경복궁에도 창덕궁에도 최근에 다시 복원한 건물이 있으니까. 하지만 경희궁 숭정전의 경우는 조금 특이하다. 원래 건물이 대한민국, 그것도 서울 한복판에 여전히 남아 있음에도 이전하지 않고 새 건물을 지은 것이다. 이유는? 너무 낡아서. 하긴, 경복궁의 자선당도 일본으로 팔려갔다가 천신만고 끝에 남은 기단과 주춧돌만이 돌아왔으나 화재로 이미 상해버려 결국 건물 복원에는 쓰지 못했다.

지금은 동국대학교에 '정각원'이라는 이름의 법당으로 자리 잡은 숭정전은 이미 그 모습도 법당에 걸맞게 많이 변했다고 하니, 본래 건물이 있는데도 새 건물을 지은 걸 탓할 수만도 없겠다. 다만 너무도 파란만장한 경희궁과 전각들의 운명이 마치 나라 잃은 백성의 모습인 것만 같아 씁쓸한 마음이 떠나지 않는다.

숭정전을 넘어 조금 더 오르면 편전으로 쓰였다는 자정전이 나온다. 원래 편전이었던 자정전은 숙종과 영조의 빈전으로도 쓰였단다. 별다른 특징 없는 자정전을 지나고 나면 벌써 경희궁의 마지막 건물인 태령전이다.

안내판 **태령전**

영조의 ❶ **어진**(초상화)을 보관하던 곳. 본래는 특별한 용도가 지정되지는 않았던 건물이었다. 그러나 영조의 어진이 그려지자 1744년(영조 20)에 이곳을 중수해 보관했다. 일제에 의해 흔적도 없이 파괴됐지만 2000년 <서궐도안>에 따라 정면 다섯 칸, 측면 두 칸의 건물로 복원했다. 현판은 ❷ **석봉 한호의 글씨를 집자**해 만들었다.

안내판 들여다보기

❶ 어진 왕의 초상화를 '어진'이라고 해.

❷ 석봉 한호의 글씨를 집자 한석봉은 알지? 어머니가 떡을 써는 동안 글씨를 쓰게 했다는 에피소드의 주인공. '집자'는 여러 곳에 쓴 글자를 짜깁기했다는 뜻이야.

경희궁을 만든 왕이 광해군이라면 경희궁을 제대로 이용한 왕은 영조다. 영조가 경희궁에서 보낸 시간은 재위 기간의 절반쯤. 영조의 재위 기간이 자그마치 51년 7개월이니, 영조는 경희궁에서 사반세기 이상을 산 셈이다. 영조는 이곳의 이름을 경덕궁에서 경희궁으로 바꾸었으며, 지금은 없어진 경희궁 집경당에서 눈을 감았다. 그러니 다음 왕위를 이은 정조가 즉위한 곳도 바로 경희궁 숭정전이었다(조선의 왕은 선왕이 죽은 궁궐의 정전에서 즉위하는 것이 원칙이다).

문이 절반쯤 열린 태령전에는 영조의 어진을 걸어놓았다. 물론 복제품이다. 원본은 국립고궁박물관에 잘 모셔놓았다. 조선시대의 어진은 단순한 초상화가 아니었다. 선대왕들을 추모하는 동시에 그들의 보살핌을 받아 왕실이 번창하고 나라가 번영하기를 기원하는 의미에서 그렸다. 그래서 어진을 그릴 때는 업무를 주관하는 임시 관청을 설치하고 엄격한 심사를 거쳐 뽑은 당대 최고의 궁중화가들이 참여했다고. 이렇게 그린 어진은 임금을 직접 모시듯 최고의 예를 갖추어 선원전에 모셨다. 잦은 화재와 일제강점기에 있었

영조 어진(소장 : 국립고궁박물관)

던 훼손 등으로 현재까지 전하는 어진은 몇 안 되는데, 영조의 어진은 그중의 하나다.

태령전 뒤에는 속에서 물이 솟는 기이한 모양의 바위가 있다. 본래 이것의 이름은 '왕암(王巖)'이었고, 이 때문에 이곳이 '왕기가 있다'는 소문이 났다고 한다. 그래서 광해군이 기어코 이곳에 경희궁을 지었다는 이야기도 전해 내려온다. 결국 광해군이 쫓겨나고 인조가 아버지의 집이 있던 곳에서 왕위에 오른 것은 영험한 바위 덕일 수도 있겠다. 숙종은 이 바위 이름을 왕암에서 '서암(瑞巖)'으로 고치고 직접 쓴 글씨를 새긴 돌을 옆에 두었다고 한다. 그 덕분인지 조선에서는 다시 반정이 일어나지 않았다. 물론 반란 혹은 역적모의는 여러 번 있었다. 독살로 의심되는 의문의 죽음을 당한 왕도 여럿이고 말이다.

경희궁의 전각들은 하나도 빠짐없이 이리저리 끌려가거나 사라지는 수모를 당했는데, 서암만은 옛 모습 그대로 경희궁을 지키고 있다. 아직도 그 속의 맑은 샘과 함께, 경희궁의 탄생에서 오늘까지

서암(왼쪽)과 방공호(오른쪽)

의 이야기를 담고 있는 듯하다.

이로써 경희궁의 역사를 담고 있는 전각과 바위 등을 모두 둘러보았다. 그런데 아직 하나가 더 남았다. 경희궁과 서울역사박물관 사이에 있는 콘크리트 구조물이 그것이다. 이곳의 이름은 '경희궁 방공호'. 두툼한 콘크리트 벽에 난 철문을 열면 곧바로 지하로 연결되는데, 100m가 넘는 길이에 모두 열 개의 방이 있는 대규모 시설이다. 이는 태평양전쟁 말기인 1944년에 일제가 미군의 폭격을 피하기 위해 만든 것이다. 이 작업에는 경성중학교 학생들까지 동원됐다고 한다. 물론 이곳도 경희궁 영역으로, 왕과 왕비의 침전인 융복전과 회상전이 있던 자리이다. 마지막 전각까지 팔아먹은 일제가 지하 방공호를 흔적으로 남긴 셈이다.

경희궁을 마지막으로 조선의 다섯 궁궐 나들이가 모두 끝났다. 안내판을 징검다리 삼으니 조금 더 쉽고 편하게 둘러본 느낌이다. 조선의 흥망성쇠를 오롯이 품고 있는 궁궐들을 둘러보는 동안, 자랑스러움에 가슴 벅차기도 하고 안타까움에 얼굴 붉어질 때도 있었다. 자랑스러움도 안타까움도 모두 우리의 역사다. 우리 아이들이 지나간 역사를 제대로 보고 앞으로의 역사를 바르게 써나갈 수 있으면 좋겠다. 그 과정에서 이 책이 조그만 보탬이 된다면 더할 나위가 없겠다.

옛 건물 이름 붙이기, 전당합각재헌루정

한 번이라도 궁궐을 둘러본 사람이라면 이미 눈치챘을 것이다. 궁궐의 건물들은 저마다 이름이 있으며, 그것들은 주로 '○○전'이나 '○○당' 혹은 '○○각' 등으로 끝난다는 사실을. 마치 거꾸로 된 성과 이름처럼 앞의 두 글자는 저마다 제각각인데, 뒤의 한 글자는 몇 글자, 정확히는 '전당합각재헌루정(殿堂閤閣齋軒樓亭)'의 여덟 자를 벗어나지 않는다. 아하, 그러면 정말 옛 건물 이름의 앞 두 글자는 그 건물의 특성을 나타내는 이름, 뒤 한 글자는 종류를 나타내는 것일까? 비슷하다. 대신 뒤의 한 글자는 종류뿐 아니라 그 건물의 '격'을 나타낸다는 점이 다를 뿐. 격이 기본이고 규모와 건물 형식을 의미하는 경우도 있는 것이다. 그래서 '전당합각재헌루정'이라는 순서를 기억하고 있으면 편리하다. 이것은 건물의 '계급 순서'이기도 하다.

우선 '전'이 붙은 건물은 어떤 것이 있을까? 경복궁의 중심 건물인 '근정전', 왕의 침실인 '강녕전', 왕비가 머무는 '교태전', 대비가 기거하는 '자경전' 등이 떠오른다. 그러니 '전'이란 가장 지체 높은 사람들이 머무는 건물을 말하는 것이다. 구체적으로는 왕과 왕비 그리고 대비가 쓰는 건물을 가리킨다. 당연히 규모도 크고 화려하다. 그렇다면 사찰의 '대웅전'은 어찌 된 일인가? 돌아가신 성인과 성현을 모시는 건물에는 예외적으로 '전' 자를 붙일 수 있었다. 부처를 모신 대웅전과 공자를 모신 대성전이 대표적이다.

'당'은 규모나 장식에서는 '전'에 뒤지지 않으나, 왕과 왕비, 대비가 아닌 사람들이 쓰는 건물을 가리켰다. 경복궁에서 세자 내외가 기거하던 '자선당', 후궁들의 공간이었던 '함화당'과 '집경당' 등이 여기에 해당한다. 여기서 주의할 것 하나. 자경전과 붙어 있던 '협경당'처럼 왕이나 왕비, 대비 등도 '당' 자 붙은 건물의 주인이 될 수 있었다. 그 반대의 경우(왕, 왕비, 대비 아닌 사람이 '전' 자 붙은 건물을 소유하는 것)만 금지됐다. 꼭 왕족이 아니라도 '당' 자 붙은 건물을 소유할 수 있었다. 특히 양반은 어머니를 '당' 자 붙은 건물에 모셨는데, 그래서 남의 어머니를 높여 부르는 말로 '자당(慈堂)'이 사용된 것이다.

'합'과 '각'은 주로 전이나 당 곁에서 그것을 보조하는 역할을 한다. 대부분 부속 건물이지만 독립 건물인 경우도 있다. 물론 규모나 장식도 전, 당에 비해 한 수 아래다. '재'와 '헌'은 왕족이나 궁궐 사람들이 주로 사용하던 생활 공간이다. 재는 주거용이나 조용히 독서를 하는 용도로 쓰였고(그래서 요즘도 문인들은 자신의 작업실에 '○○재'라는 이름을 붙인다), 헌은 대청마루가 넓은 건물로 주거보다는 공무를 보는 경우가 많았다. 지방 사또가 업무를 보던 '동헌'을 생각하면 쉽다. '루'는 바닥이 지면에서 떨어져 있다는 것이 특징이다. 경복궁의 '경회루'가 대표 건물이다. '정'은 정자를 생각하면 된다.

그림으로 옛 건물 읽기

용마루와 맞배지붕, 팔각지붕만 해도 헷갈리는데, 공포와 도리, 주심포와 다포 양식까지 나오면 도무지 이해할 수 없는 암호 같아 보이기 십상이다. 이것은 모두 옛 건물의 일부를 가리키는 이름. 그러니 말로 해서는 헷갈리기만 하고 그림을 봐야 딱 이해가 간다. 또 하나, 옛 건물을 제대로 보기 위해서는 그 건물을 지을 때와 같은 순서로, 기초에서 기둥까지 머릿속으로 집을 지어가며 보는 것이 좋다.

자, 그러면 덕수궁 중화전 옛 그림을 보면서 건물 아래부터 설명해 보자. 우선 건물 가장 아래에 돌로 쌓는 기초를 '기단'이라 한다. 기단의 중앙에는 계단이 있는데, 중요 건물의 가운데 계단은 국왕만이 다닐 수 있는 '답도'를 설치하기도 했다. 기단을 옆으로 길게 늘이면 '월대'라 하는 행사장이 된다. 기단 위에 주춧돌을 놓고 그 위에 기둥을 세운다. 기둥은 배가 불룩한 '배흘림기둥'과 그냥 일자로 올라가는 '민기둥'으로 나뉜다.

기둥과 기둥 사이를 '칸'이라 하는데, 이 수로 건물의 크기를 나타냈다. 예를 들어 건물의 정면이 다섯 칸, 측면이 세 칸이면 5×3=15, 열다섯 칸 건물이 되는 것이다. '99칸 기와집'이란 이렇게 셈한 칸 수가 모두

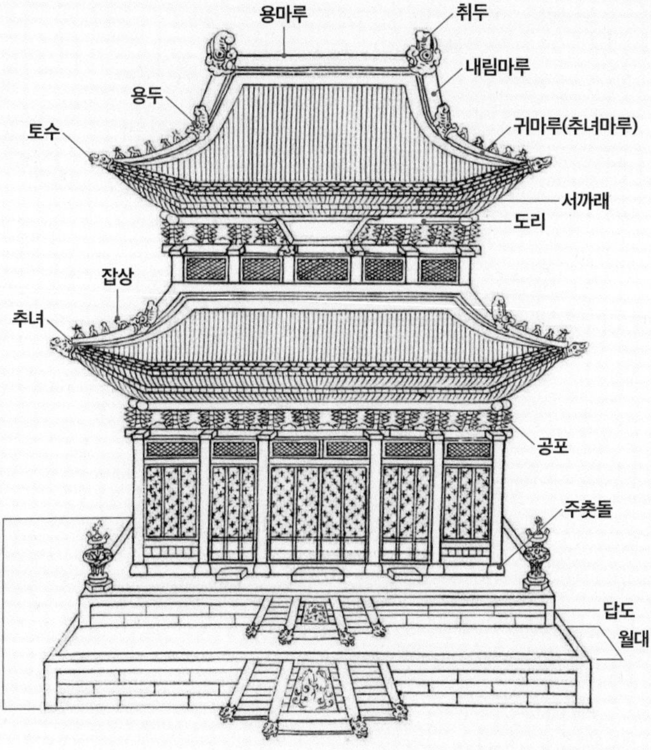

99칸이란 얘기다. 기둥과 지붕 사이에는 나무를 엮어 공포를 만들었는데, 이는 지붕의 무게를 기둥에 효율적으로 전달하기 위해서다. 이러한 공포가 기둥마다 하나면 '주심포 양식', 기둥 사이에도 있으면 '다포 양식'이라 했다. 공포 위에 도리, 그 위에 서까래를 얹고, 다시 그 위에 추녀를 잇는다. 추녀 끝에는 토수를 달았는데, 토수에서 용두까지를 귀마루(추녀마루), 용두에서 취두까지를 내림마루라고 했다. 이 취두와 취두를 연결한 것이 바로 용마루다.

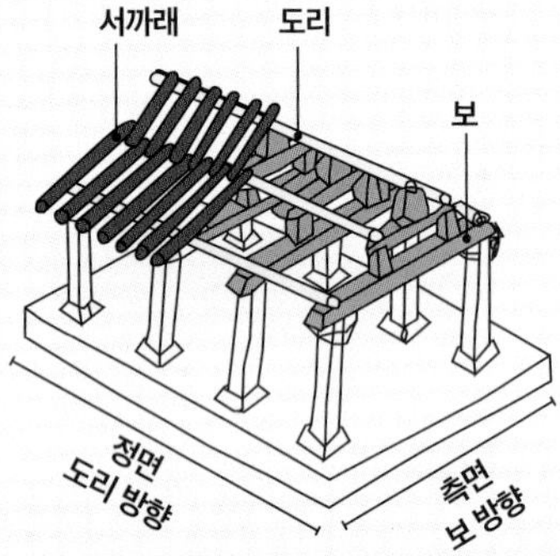

집의 뼈대만 간단히 보면 옆 그림과 같다. 집의 정면 방향으로 기둥을 잇는 것이 도리다. 도리와 직각 방향으로 기둥을 연결하는 것은 보다. 대들보란 보 중에서 가장 큰 것을 말한다.

다양한 지붕의 이름은 그 모양에 따라 붙인 것이다. 가장 단순한 형태의 '맞배지붕'은 딱 직사각형 모양의 두 면만 이어 붙인 지붕이다. '우진각지붕'은 사다리꼴 모양의 긴 면 둘에 삼각형의 짧은 면 둘을 더해

맞배지붕

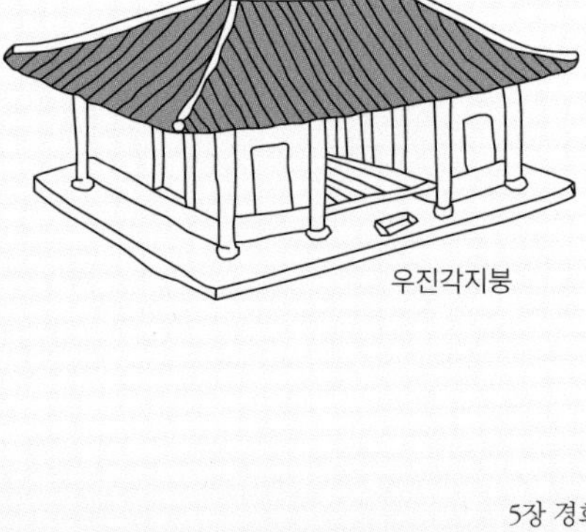

우진각지붕

용마루에서 내림마루와 추녀마루가 하나의 선을 이루며 내려오는 모양이 된다. 네 면이 모두 사다리꼴 모양인 '팔작지붕'은 용마루 끝에서 내림마루가 내려오다 중간 꺾이는 지점에서 추녀마루로 이어진다. 옛 건물의 지붕 중에서 가장 크고 화려한 모양이다.

사모지붕과 육모지붕, 팔모지붕은 각각 정사각형, 정육각형, 정팔각형의 정자 지붕을 연상하면 쉽다. 이밖에도 정(丁)자형 지붕(왕릉의 정자각이 대표적인 정자지붕이다), 십자형 지붕도 있었다고 한다.

팔작지붕

사모지붕

육모지붕

팔모지붕

우리
궁궐
이야기

초판 1쇄 2021년 11월 1일
초판 2쇄 2022년 12월 9일

지은이 구완회

발행인 유철상
편집장 홍은선
편집 정유진, 김정민
디자인 주인지, 노세희
마케팅 조종삼, 김소희

펴낸곳 상상출판
출판등록 2009년 9월 22일(제305-2010-02호)
주소 서울특별시 성동구 뚝섬로17가길 48, 성수에이원센터 1205호(성수동2가)
전화 02-963-9891(편집), 070-7727-6853(마케팅)
팩스 02-963-9892
전자우편 sangsang9892@gmail.com
홈페이지 www.esangsang.co.kr
블로그 blog.naver.com/sangsang_pub
인쇄 다라니
종이 ㈜월드페이퍼

ISBN 979-11-6782-034-1 (03910)